IMPRESSUM

Math. Lempertz GmbH
Hauptstraße 354
53639 Königswinter
Tel.: 02223 / 90 00 36
Fax: 02223 / 90 00 38
info@edition-lempertz.de
www.edition-lempertz.de

Dieses Kochbuch wurde nach bestem Wissen und Gewissen verfasst. Weder der Verlag noch der Autor tragen die Verantwortung für ungewollte Reaktionen oder Beeinträchtigungen, die aus der Verarbeitung der Zutaten entstehen.
Der Markenname „Thermomix" ist rechtlich geschützt und wird nur als Bestandteil der Rezepte verwendet. Für Schäden, die bei der Zubereitung der Gerichte an Personen oder Küchengeräten entstehen, wird keine Haftung übernommen.
Bitte beachte die Anwendungshinweise der Gebrauchsanweisung deines Thermomixgerätes.

LIKE US ON facebook www.facebook.com/MIXtippRezepte

Titelbild: Fotolia
Lektorat: Team mixtipp, Christina Meuser
Layout/Satz: Kerstin Pfeiffer
Gesamtherstellung: CPI

ISBN: 978-3-96058-975-4

Bildnachweis:
© fotolia: diefotosynthese, Eventimages21, Christian Jung, Comugnero Silvana, zakiroff, Boyarkina Marina, Brigitte Bonaposta, marysckin, IngridHS, Alessio Orrù, Peyman Pir, neillangan, Doris Heinrichs, Francesco83, microstock77, 417pp, freakkiddy, Marén Wischnewski, antoniotruzzi, AB Photography, M.studio, Mania777, HLPhoto, Dar1930, zia_shusha, ketrik17, mariontxa, ALF photo, lisa870, Demid, golubovy, bit24, Lucky Dragon, photocrew, weseetheworld, fotofabrika, ExQuisine, kucherav, Marco2811, Mediteraneo, gpointstudio, cicisbeo, Alexandr Vasilyev, Chepko Danil, micromonkey, jul14ka, Witold Krasowski, meisterx, Epine, marinavorona, PureSolution, Amelie

MIX
Papier aus verantwortungsvollen Quellen
FSC® C083411
www.fsc.org

CPI
Mehr Bäume. Weniger CO_2.
www.cpibooks.de/klimaneutral

Herausgegeben von mixtipp Antje Watermann

GERHARD WALTER

Lieblings FISCHGERICHTE

Alles außer Fischstäbchen aus dem Thermomix®

LEMPERTZ

INHALT

VORSPEISEN

SUPPEN

LECKERES MIT MEERESFRÜCHTEN

KLASSIKER MIT FISCH

EDLE FISCHGERICHTE AUS ALLER WELT

Liebe Thermomixfreunde,

ihr sitzt in der gleißenden Sonne Siziliens, räkelt euch im Strandkorb an der Nordsee oder gönnt euren Füßen eine Abkühlung im Tegernsee – überkommt euch bei einem Urlaub am Wasser nicht auch diese Lust auf Fisch?!
Da haben wir für alle Genießer und Liebhaber von Speisen aus Salz- und Süßwasser genau das Richtige. Das Team mixtipp hat gemeinsam mit seinem Autor Gerhard Walter über 40 fantastische Fischrezepte zusammengestellt. Gerhard Walter alias Gerry begeistert seit mehr als einem Jahr in diversen Internetforen eine treue Fangemeinde. Bei einer solchen Vielfalt an Gerichten wurde schließlich auch das Team mixtipp schwach. Über Meeresfrüchte, verschiedene Fischarten bis hin zu Krustentieren ist alles vertreten, was die weltweiten Gewässer zu bieten haben. Neben traditionellen Gerichten wirst du natürlich genauso Neues kennenlernen. Dabei verwöhnt uns Gerry mit einem wunderbaren Saiblingstatar, einer Kartoffelsuppe mit Venusmuscheln oder auch mal einer feinen Edelfischpfanne. Selbst für den stressigen Berufsalltag hat unser Autor passende Gerichte auf Lager: Eine Stremellachs-Pasta beispielsweise ist immer ruckzuck zubereitet! Bei dieser Fülle an wunderbaren Rezepten ist wirklich für Groß und Klein etwas dabei.
Noch eine Kleinigkeit: Habt keine Angst vor der Fisch- und Meeresfrüchtewelt! Eine umfassende Warenkunde und Tipps und Tricks rund ums Thema erleichtern euch den Einstieg. Wir wünschen euch viel Spaß beim Entdecken neuer Gewässer und beim Nachkochen von Gerrys Rezepten!

Antje Watermann

Herausgeberin, Edition Lempertz

Lieblings FISCHGERICHTE

Fisch und Meeresfrüchte sind reich an gesunden Omega 3-Fettsäuren und Eiweiß. Damit stärken sie unser Herz und die Immunabwehr und sind sehr lecker. Im Schnitt sollte man mindestens einmal pro Woche Fisch essen. Oft herrscht bei der richtigen Zubereitung und beim Kauf von frischem Fisch Unsicherheit. In diesem Buch wollen wir dir zeigen, dass du mit dem Thermomix ganz leicht raffinierte Fischrezepte zaubern kannst und dass du keine Scheu haben musst, dich auch mal an exotische Fische heranzuwagen. Doch erst einmal ein paar Worte dazu, wie du frischen Fisch erkennst, mit Muscheln umgehst oder worauf du sonst noch bei Fisch achten solltest. Außerdem haben wir dir ein umfassendes Glossar zusammengestellt, mit hilfreichen Tipps rund um die verwendeten Fische und Meeresfrüchte.

WORAN ERKENNE ICH FRISCHEN FISCH?

Ob ein Fisch wirklich frisch ist, kannst du an verschiedenen Merkmalen festmachen. Am besten erkennst du dies an den Augen des Fisches. Sie sollten klar und nicht eingefallen, trüb oder milchig sein. Frischer Fisch zeichnet sich außerdem durch eine glänzende Haut und feste Schuppen aus.

Bei vielen der Fischgerichte kannst du auf fertiges Fischfilet zurückgreifen. Auch hier gibt es einige Dinge zu beachten: Das Filet sollte nicht nach Fisch riechen, einen schönen silbrigen Glanz aufweisen und saftig aussehen. Wirkt das Filet glanzlos oder milchig, ist es nicht mehr frisch.

Neben den Fischgerichten hat Gerry auch einige raffinierte Muschelgerichte zusammengestellt. Nach alter Tradition kamen frische Muscheln nur von September bis Februar auf den Tisch. Das lag vor allem an den hohen Temperaturen im Sommer und der schnellen Verderblichkeit von Muscheln. Dank einer modernen Frischelogistik spielt diese Problematik heute kaum noch eine Rolle. Dennoch besteht diese Tradition noch bei vielen Familien. Beim Kauf von Muscheln solltest du darauf achten, dass die Muscheln eine geschlossene Schale haben oder sich bei Berührung zusammenziehen. Wenn sie dann gekocht werden, sollten sich die Muscheln öffnen. Muscheln, die nach dem Kochen noch geschlossen sind, sind nicht zum Verzehr geeignet.

Egal ob frischer Fisch, Muscheln oder Krustentiere – wenn du frischen Fisch kaufst,

dann solltest du ihn am gleichen Tag zubereiten. Sonst greife lieber auf tiefgekühlten Fisch zurück.

Achte beim Kauf von Fisch auch darauf, ob du auf der Packung ein MSC-Siegel finden kannst. MSC steht für Marine Stewardship Council und ist eine gemeinnützige Organisation, die sich um den Schutz der Meere kümmert. Das MSC-Siegel wird weltweit als Zeichen für nachhaltige Fischerei anerkannt.

WIE BEREITE ICH EINEN FISCH VOR UND FILETIERE IHN?

Möchtest du frischen Fisch verwenden, hast du verschiedene Möglichkeiten ihn zu erwerben. Du kannst zum einen direkt fertiges Fischfilet kaufen oder du kaufst einen ganzen Fisch und filetierst ihn selbst. Wenn du einen ganzen Fisch kaufst, bitte deinen Fischhändler den Fisch für dich auszunehmen und zu schuppen, dann ist er schon einmal vorbereitet. Nimmst du die Vorbereitung des Fischs selber vor, dann schuppe und säubere ihn zunächst. Anschließend schneidest du den Fisch von Kopf bis After auf, klappst den Bauch vorsichtig auf und entnimmst die Eingeweide. Pass beim Öffnen des Bauchraums auf, dass die Gallenblase nicht verletzt wird. Sie sitzt direkt an der Leber und man erkennt sie an ihrer schwarz-grünen Färbung. Sollte die bittere Gallenblasenflüssigkeit doch einmal auslaufen, wasche den Fisch schnell aus. Häufig ist er dann noch genießbar.
Wenn du den ganzen Fisch verarbeiten möchtest, musst du außerdem Flossen und Kiemen entfernen.
Beim Filetieren ist es wichtig, dass du das richtige Messer verwendest. Benutze ein dünnes, scharfes Fischfiletiermesser. Beginne damit, den Kopf hinter den Kiemen schräg abzuschneiden. Schneide auf einer Seite bis zur Mittelgräte, wende den Fisch und schneide ihn auch von der anderen Seite hinter den Kiemen schräg durch, sodass sich der Kopf löst.
Jetzt geht es ans eigentliche Filetieren. Schneide flach oberhalb der Mittelgräte entlang vom Kopfende bis zum Schwanzende. Bewege das Messer dabei mit leichtem Druck vor und zurück und gehe langsam vor. Drehe anschließend den Fisch und löse das Filet auf der anderen Seite ebenso ab.
Entferne nun den Schwanz, die Flossen und das Fett an den Rändern des Fisches und die Bauchlappenhaut unterhalb der Mittelgräte.
Nun musst du noch mit einer kleinen Pinzette die Gräten herausziehen. Ertaste die Gräten mit den Händen oder streiche mit dem Messer über das Fleisch, damit sich die Gräten aufrichten.
Den fertig filetierten Fisch kannst du jetzt je nach Rezept zubereiten.

Wir wünschen dir viel Erfolg!

ES GIBT VERSCHIEDENE KONSERVIERUNGSARTEN FÜR FISCH UND CO:

RÄUCHERN: Geräucherter Fisch hat eine lange Tradition, da der Vorgang des Räucherns den Fisch konserviert und man so eine stetige Nahrungsquelle zur Verfügung hat. Heutzutage wird weniger aus Konservierungszwecken geräuchert – Kühltruhen haben das Konservieren abgelöst –, sondern vielmehr wegen des rauchigen, würzigen Geschmacks, der beim Räuchern entsteht. Vor dem Räuchern wird der Fisch (prinzipiell kann jede Fischsorte geräuchert werden) in einer Salzlake eingelegt. Nach 12 Stunden wird der Fisch (luft-) getrocknet und anschließend in einen Räucherofen gehängt und bei gleichbleibender Temperatur ca. 1 bis 2 Stunden entwässert.

BEIZEN: Beim Beizen wird der Fisch mit einer Salz-Zucker-Mischung eingerieben. Sie entzieht dem Fisch über 24-48 Stunden Wasser, macht ihn zarter und intensiviert den Geschmack. Zusätzlich zu Zucker und Salz können der Beize je nach Geschmack weitere Zutaten wie Wacholderbeeren, Nelken, Senf, Honig, Alkohol oder verschiedene frische Kräuter zugefügt werden. Vor dem Verzehr sollte die ausgetretene Flüssigkeit weggeschüttet, die Salz-Zucker-Mischung vom Fisch abgerieben und der Fisch abgetupft werden. Man kann ihn roh, im Ofen bei niedriger Temperatur gegart oder scharf angebraten genießen.

TROCKNEN: Getrockneter Fisch, vor allem Kabeljau (oder andere weißfleischige Fischsorten wie Schellfisch), wird auch Stockfisch genannt. Diese Bezeichnung stammt von der traditionellen Herstellungsweise in Norwegen ab. Der Fisch wird ausgenommen und leicht mit Salz eingerieben. Anschließend wird er bis zu 3 Monate auf einer Holzkonstruktion, die in Norwegen als Stokk bezeichnet wird, zum Trocknen aufgehängt. Danach wird der luftgetrocknete Fisch noch 2 bis 3 Monate in Lagerhallen ausgebreitet und dort weiter getrocknet. Temperaturen rund um den Gefrierpunkt sind ideal zum Herstellen von Stockfisch, weswegen diese Fischkonservierungsart hauptsächlich in Norwegen praktiziert wird. Stockfisch gilt vor allem in Spanien und Portugal als Delikatesse.

EINLEGEN: Schon vor Jahrhunderten haben die Menschen an den Küsten Fische eingelegt, um sie für längere Zeit essbar zu machen. Durch das Einlegen erhalten die Fische zusätzlich unterschiedliche Geschmacksrichtungen. Fisch, vor allem Hering, wird meist in Essig oder Salz eingelegt. Dafür werden die Fische erst einmal ausgenommen und gewaschen. In Salz eingelegte Fische werden auf eine dicke Salzschicht gelegt und mit einer weiteren Salzschicht abgedeckt. So verweilen sie 4 bis 5 Wochen an einem kühlen Ort. Für die Essig-Variante werden die ausgenommenen Fische angebraten und anschließend in einem Gemisch aus Wasser und Essig (zu gleichen Teilen) mit Zwiebelringen, Pfeffer, Zucker und Senfkörnern 4-5 Tage eingelegt. Das Einlegen in Essig hat den Vorteil, dass sich Gräten auflösen und der Fisch verzehrfertig ist.

Krusten- und Krebstiere:

FLUSSKREBSE sind Süßwasserlebewesen, deren Verbreitung sich über den gesamten Globus erstreckt. Sie werden bis zu 20 cm groß und können ein Gewicht von bis zu 250 Gramm erreichen. Ebenso wie Hummer haben Flusskrebse fünf Beinpaare, das erste ist wiederum ein Scherenpaar. Flusskrebse sind sowohl frisch an gut sortierten Fischtheken als auch abgepackt im Supermarkt erhältlich.

GARNELEN ODER AUCH RIESENGARNELEN sind eine Familie innerhalb der Krustentiere. Ihre nächsten Verwandten sind Hummer und Langusten. Die weltweite Population umfasst zwischen 2.000 und 3.000 Arten. Gemein sind den Arten die schmalen, hinten gebogenen Körper und die langen Antennenfühler, die sie anstelle von Scheren haben. Man unterscheidet die Arten in Süßwasser- und Salzwassergarnelen. Sie leben am Meeresboden in küstenfernen Gebieten in allen Weltmeeren. Garnelen werden auch als Gambas, Shrimps und Prawns und manchmal als Krabben bezeichnet. Aufgrund ihres schmackhaften Fleisches sind sie sehr beliebt und daher ganzjährig in Supermärkten erhältlich.

HUMMER sind wohl die teuersten der Krebs- oder Krustentiere. Die Gattung zeichnet sich durch das charakteristische erste Beinpaar von fünfen aus, das beim Hummer zu großen Scheren gewachsen ist. Die Tiere kommen vor allem in der Nordsee, im Mittelmeer und dem Nordatlantik vor. Hummer sind lebend, bereits vorgekocht, tiefgekühlt oder in Konserven im Handel, z.B. bei Großhändlern wie Metro oder Handelshof, aber auch in gut sortierten Supermärkten, erhältlich.

DER KAISERGRANAT erinnert vom Aussehen an seinen größeren Verwandten, den Hummer. Die Krebstiere tragen auch die Namen Scampi, Langoustine oder Norwegischer Hummer. Da die Scheren des Kaisergranats deutlich kleiner sind als die des Hummers, werden meist nur die Schwänze zum Verkauf angeboten. Das Krebsfleisch ist frisch auf Eis, tiefgefroren oder in Konserven in gut sortierten Supermärkten oder bei Großhändlern wie Metro oder Handelshof erhältlich.

KRABBEN sind kleine Garnelen, die ihr Verbreitungsgebiet vor allem in Nord- und Ostsee sowie im Mittelmeerraum haben. Da sie schnell verderben, werden sie noch auf den Fischkuttern gekocht und so haltbar gemacht.

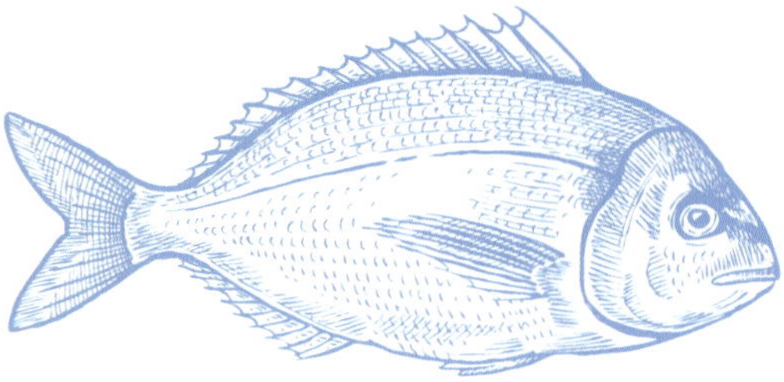

Fischsorten:

DIE FORELLE gehört zur Familie der Lachsfische und kommt in fast allen Teilen der Welt vor. Dabei sind drei Typen zu unterscheiden: Die Meerforellen und die im Süßwasser lebenden See- und Bachforellen.
Das zarte und würzige Fleisch der Forelle macht sie zu einem allseits beliebten Speisefisch. Ob gebraten, gedünstet oder geräuchert – es gibt unzählige Zubereitungsmöglichkeiten. Im Handel stammen die meisten Fische aus Zuchtteichen, daher ist es kein Problem, eine Forelle im Supermarkt zu kaufen. Wer Hobbyangler ist, kann seine Forelle natürlich selbst fischen!

HEILBUTT: Schon bei den norwegischen Steinzeitmenschen soll der Weiße Heilbutt als Geschenk der nordischen Götter und als heiliger Fisch gegolten haben. Belege hierfür findet man in Steinschnitzereien.
Der Heilbutt lebt im Ost- und Westatlantik und ist einer der größten Plattfische. Er gehört zur Gattung der Schollen. Mit ihm verwandt ist der Pazifische Heilbutt, wohingegen der Schwarze Heilbutt keinerlei Verwandtschaftsverhältnis zum Weißen aufweist und im Nordatlantik beheimatet ist.
Da er zu den teuersten Speisefischen gehört, kommt er in Norwegen nur zu besonderen Anlässen auf den Tisch. Hier gilt er als Delikatesse, was an seinem zarten und dennoch differenzierten Geschmack liegt. Sein weißes, festes Filet ist vielseitig einsetzbar und erinnert ein wenig an Fleisch. Gut schmeckt der Fisch, wenn man nur das Filet oder ihn als Ganzes im Ofen gart. Aromatische Saucen unterstreichen die Würze des Heilbutts.

DER KABELJAU ist der Familie der Dorsche zugehörig. Er ist in Teilen des Nordatlantiks und des Nordpolarmeers verbreitet. Die Bezeichnung Skrei ist der norwegische Name für den geschlechtsreifen arktischen Kabeljau. Er ist einer der wichtigsten Speisefische, der allerdings mittlerweile durch Überfischung gefährdet ist. Daher sollte man beim Einkauf insbesondere beim Kabeljau auf entsprechende Gütesiegel achten, die eine nachhaltige Fischerei gewährleisten!

LACHSE kommen im Pazifik und Atlantik vor, wobei es verschiedene Unterarten wie den Roten Lachs oder den Atlantischen Lachs gibt. Die rote Färbung des Fleisches verdankt der Fisch seiner Hauptnahrung, die aus Krebs- und Krustentieren besteht. Lachs ist besonders beliebt, da man seinem Fleisch eine hohe Dichte an wichtigen Mineral- und Nährstoffen, wie Omega 3-Fettsäuren und

Vitamin A nachsagt. Der Name Wildlachs bezeichnet keine andere Sorte, sondern ist abhängig von der Art der Haltung. Im Gegensatz zu Lachs, der künstlich in Aquakulturen gezüchtet wird, wächst der Wildlachs im Nordatlantik in freier Natur auf, ernährt sich ohne Hilfe des Menschen von Krebs- und Krustentieren und schwimmt zum Laichen zu seinem Geburtsort in Süßwassergebieten zurück. Bei Stremellachs handelt es sich um Lachs, der nicht konventionell kalt, sondern warm geräuchert wird. Der Fisch erhält dadurch eine spezielle Note.

MATJES sind Heringe, die vor Erreichen der Geschlechtsreife verarbeitet werden und durch fischeigene Enzyme reifen. Dabei werden sie traditionell in Salzlake eingelegt. Hierbei handelt es sich um ein Verfahren, das im Mittelalter in den Niederlanden entwickelt wurde.
Heringe sind Schwarmfische. Sie sind in der Nord- und Ostsee und sogar im gesamten Nordatlantik unterwegs. Für Matjes werden ausschließlich Heringe genutzt, die von Ende Mai bis Anfang Juni gefangen werden. In dieser Zeit ist ihr Fettanteil sehr hoch. Es versteht sich, dass der Matjes ein sehr deftiges Gericht ist. Man kann ihn gut mit rohen Zwiebeln oder auch mit Pell- oder Bratkartoffeln verspeisen. Matjes bekommt man mittlerweile abgepackt in jedem Supermarkt.

DIE RENKE ist in Deutschland auch unter den Namen Felchen, Schnäpel oder Maräne bekannt. Sie lebt vorwiegend in tiefen Voralpenseen, beispielsweise im Bodensee. Einige Arten kommen aber auch in der Nord- und Ostsee vor. Man sollte sie immer nur mit Bedacht genießen, denn der Bestand der Renke ist stark gefährdet. Kaufe daher nur beim Fischhändler deines Vertrauens oder wenn du die Möglichkeit hast, direkt beim Fischer selbst.
Die Renke wird selten gekocht, dafür eher geräuchert oder gebraten verzehrt.

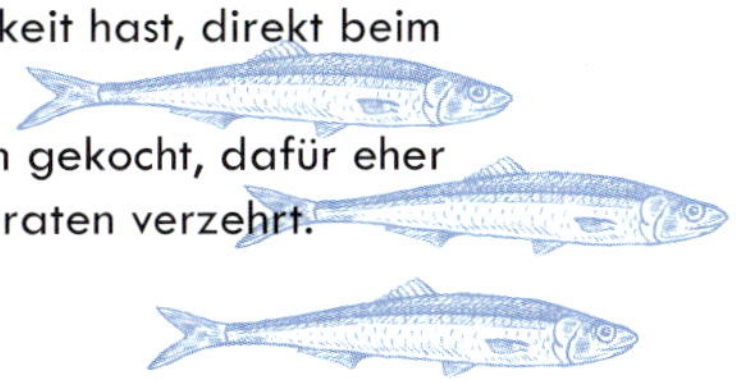

DER ROTBARSCH oder auch Goldbarsch genannt, ist ein rötlich-golden schimmernder Fisch, der zur Familie der Stachelköpfe gezählt wird. Es gibt viele verschiedene Arten dieses Fisches. Bei uns ist besonders der Flachsee- oder Tiefsee-Rotbarsch bekannt. Rotbarsche leben im Nordatlantik und werden vornehmlich vor der Küste Islands gefangen. Rotbarsch erhältst du das ganze Jahr über. Die Fische werden im Durchschnitt 40 cm lang und können maximal 15 kg wiegen. Der Rotbarsch ist mit den Seeskorpionen verwandt. Einen Hinweis darauf liefern die harten Schuppen des Barsches, die zu spitzen Dornen zusammenlaufen. Die Stacheln von Rückenflosse und Kiemendeckel sind giftig und können Entzündungen hervorrufen. Wenn du einen ganzen Rotbarsch kaufen möchtest, solltest du ihn wegen der giftigen Stacheln küchenfertig vorbereiten lassen. Meistens erhältst du den Rotbarsch aber als Filet beim Fischhändler.

Das Fleisch vom Rotbarsch ist fest und hat ein nussiges, herzhaftes Aroma. Es enthält wenig Fett und zerfällt sehr leicht, daher sei vorsichtig, wenn du es brätst. Das Filet lässt sich gut panieren oder mit Bierteig ummanteln.

SEELACHSE gehören zu den dorschartigen Fischen und sind eng mit dem Kabeljau verwandt. Früher wurde der Seelachs aufgrund seines Aussehens – dunkler Rücken und schwarzes Maul – „Köhler“ genannt. Marketingprofis der Lebensmittelindustrie haben es geschafft den eigentlichen Namen vollkommen auszulöschen und durch „Seelachs“ zu ersetzen.
Den Seelachs findet man vor allem im Nordatlantik vor Island und Norwegen und in der Nordsee sowie rund um Großbritannien. Früher Ladenhüter, heute dagegen einer der beliebtesten Speisefische – das feste Fleisch des Seelachses schmeckt kräftig-würzig und kann wunderbar für Fischfrikadellen oder Backfisch verwendet werden. Seelachse findet man in jeder gut sortierten Fischtheke.

DER SEESAIBLING gehört zur Familie der Lachsartigen und hat eine grünlich bis dunkelbraune Rückenfärbung mit Punkten an den Seiten. Während der Laichzeit erinnert das sonst weiße Fleisch des Saiblings stark an das des Lachses, da es eine ähnliche rote Färbung annimmt. Der vor allem in Seen und küstennahen Gewässern der Nordhalbkugel vorkommende Fisch kann eine Größe zwischen 15 und maximal 80 cm erreichen. Er kann ganzjährig im Internetfachhandel oder saisonal an gut sortierten Fischtheken bezogen werden.

DER THUNFISCH gehört zu den beliebtesten Fischarten der Deutschen. Der Raubfisch kann bis zu 70 cm lang und 3 kg schwer werden. Der Lebensraum des Thunfischs erstreckt sich über die tropischen Meere bis hin zu den Gewässern der gemäßigten Zone. Das dunkelrote, feste Fleisch des Thunfischs wird gerne für die Zubereitung von Sushi verwendet. Thunfisch gibt es in Konserven ganzjährig in jedem Supermarkt zu kaufen, am Stück und filetiert in Supermärkten mit Fischtheke oder bei Großhändlern, wie z.B. Metro oder Handelshof.

DER ZANDER gehört zur Familie der Echten Barsche. Dieser Jäger ist eigentlich ein Süßwasserfisch, jedoch findet man ihn ebenfalls im Brackwasser der Ostsee. Konnte man den Zander früher nur in nördlichen und östlichen Gebieten Europas finden, ist er heute auf dem gesamten Kontinent heimisch.
Der Zander wird wegen seines festen, weißen Fleischs als Speisefisch geschätzt und findet sich in jeder Fischtheke. Er besitzt allerdings viele kleine Gräten, daher sollte man beim Einkauf darauf achten, dass der Fisch komplett entgrätet ist.

Muscheln:

JAKOBSMUSCHELN sind eine Delikatesse aus dem Mittelmeerraum. Da sie ihre Nahrung aus dem Meerwasser filtern, haben die Muscheln einen intensiven Meeresgeschmack. Sie sind beliebt als Tatar, gebraten oder roh mit Zitronensaft. Die Jakobsmuschel verdankt ihren Namen dem Apostel Jakobus. Am Ende des Pilgerwegs nach Santiago de Compostela erhalten die Pilger als Zeichen ihres Erfolgs eine Jakobsmuschel. Sie ist das offizielle Zeichen des Pilgerwegs, der auch Jakobsweg genannt wird.

VENUSMUSCHELN oder auch „Vongole“ kommen weltweit in allen Küstengewässern, insbesondere in und auf sandigem Untergrund vor. Venusmuscheln kennt vermutlich jeder in der Zubereitungsweise mit Pasta vom guten Italiener oder von einer Italienreise. Doch auch als Vorspeise oder auf Pizza schmecken sie vorzüglich. Erhältlich sind Venusmuscheln beim Fischhändler und auch ab und zu im Supermarkt an einer gut sortierten Fischtheke.

Obwohl **MIESMUSCHELN** in Gewässern mit starker Strömung leben, werden sie nicht ins Meer hinausgespült, da sie einen starken Proteinkleber produzieren, mit dem sie sich an fast allen Oberflächen festkleben können. Ihre Frische erkennt man am Geruch, der an Meer und Algen erinnert. Außerdem sind sie fest verschlossen oder sollten sich bei leichtem Klopfen sofort schließen. Für Miesmuscheln gibt es je nach Region oder Land verschiedene Zubereitungsmöglichkeiten. Traditionell kommen sie im Herbst auf den Tisch.
Miesmuscheln kann man beim Fischhändler, aber auch abgepackt im Supermarkt kaufen.

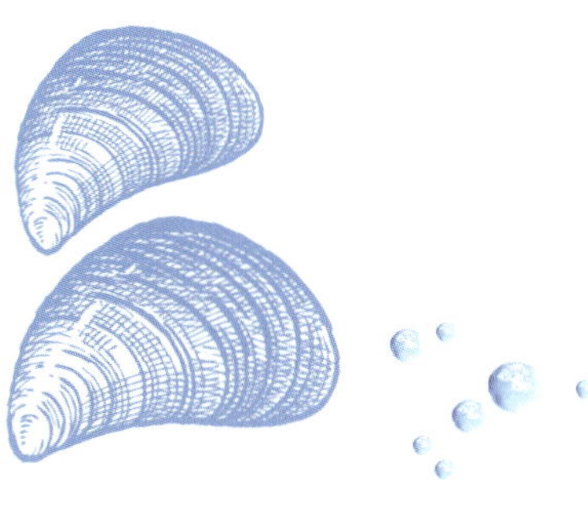

1 Glas | 5 Min. | leicht

GERRYS ZAUBERSALZ

Zubereitungszeit: 5 Minuten
Utensilien: 1 Schraubglas, sterilisiert
Zutaten für 1 Glas à 400 ml

- 10 g Zitronengras, gefriergetrocknet
- 5 ganze Wacholderbeeren
- 1 Lorbeerblatt
- 2 kleine Chilischoten, getrocknet
- 3 EL Zwiebelgranulat
- 2 EL Knoblauchgranulat
- 4 EL Suppengrün, getrocknet
- 1 TL Thymian, getrocknet
- 5 Pimentkörner
- 1 TL Currypulver
- 2 TL Liebstöckelpulver
- 1 TL Rosenpaprikapulver
- 300 g Meersalz

1. Zerkleinere als Erstes das Zitronengras im Mixtopf 15 Sekunden/ Stufe 10 und schiebe die Stücke mit dem Spatel nach unten. Da das Zitronengras sehr zäh ist, zerkleinere es erneut 15 Sekunden/ Stufe 10 und schiebe wieder die Stücke mit dem Spatel nach unten.

2. Als Nächstes füge Wacholderbeeren, Lorbeerblatt, Chilischoten, Zwiebelgranulat, Knoblauchgranulat, Suppengrün, Thymian und Pimentkörner hinzu und zerkleinere die Mischung 20 Sekunden/ Stufe 9.

3. Zu guter Letzt mischst du noch Currypulver, Liebstöckelpulver, Rosenpaprika und Meersalz 60 Sekunden/ Stufe 5 unter.

4. Fülle das Zaubersalz in ein Schraubglas. Gut verschlossen hält es sich über Monate.

mixtipp

Ich fülle das Zaubersalz auch in Reagenzgläser (gibt's im Internet mit Korken). Ein kleiner Aufdruck und ein Schleifchen – und du hast ein wahrhaft zauberhaftes Geschenk.

mixtipp

In meinen Rezepten verwende ich fast immer Zaubersalz. Wenn du es gerade nicht vorrätig hast oder keine Zeit hast es herzustellen, kannst du es auch durch feines Meersalz oder Kräutersalz ersetzen. Je nachdem verändert sich der Geschmack ein wenig.

mixtipp

Schmeckt auch ohne Zitronengras hervorragend!

2 Gläser | 5 Min. | leicht

GERRYS ZAUBERGEWÜRZ FÜR FISCH & MEERES-FRÜCHTE

Zubereitungszeit: 5 Minuten
Utensilien: 2 Schraubgläser, sterilisiert
Zutaten für 2 Gläser à 100 ml

- 2 EL Suppengrün, getrocknet
- 2 EL Pfefferkörner, bunt
- 10 g Gerrys Zaubersalz (s. S. 16)
- 2 TL Dill, getrocknet
- 1 TL Rosmarinnadeln, getrocknet
- 2 TL Senfkörner, gelb, getrocknet
- 2 TL Korianderkörner, ganz
- 1 TL Kardamomsamen
- 1 kleine Chilischote, getrocknet
- 3 gehäufte EL grobes Meersalz

1. Atomisiere Suppengrün, Pfefferkörner, Zaubersalz, Dill, Rosmarinnadeln, Senfkörner, Korianderkörner, Kardamom, Chilischote und Meersalz im Mixtopf 10 Sekunden/ Stufe 10. Decke den Mixtopf anschließend 2 Minuten mit einem Handtuch ab, da es sehr staubt. Schiebe die Stücke dann mit dem Spatel nach unten und wiederhole den Vorgang.

2. Bewahre das fertige Gewürz in trockenen Schraubgläsern auf.

mixtipp

Du kannst das Gewürz auf mehrere Arten nutzen:
- einfach fein über den Fisch streuen.
- mit etwas Sojasauce, Honig und Olivenöl eine köstliche Marinade zubereiten.
- in einem Schraubglas verpackt eignet sich das Gewürz auch gut zum Verschenken.

mixtipp

Verwende für das Gewürz nur getrocknete Zutaten, damit es länger haltbar ist.

mixtipp

Schmeckt köstlich zu gebratenem, gedünstetem und gekochtem Fisch. Aber auch Scampi schmecken damit noch besser.

3 Gläser | 5 Min. | leicht

GERRYS GRÜNES ZAUBER-ÖL ZU FEINEM FISCH

Zubereitungszeit: 5 Minuten
Utensilien: 3 Schraubgläser, sterilisiert
Zutaten für 3 Gläser à 100 ml

10 Salbeiblätter, frisch, gewaschen
2 Bund Basilikumblätter, frisch, abgezupft, gewaschen
1 Bund glatte Petersilie, abgezupft, gewaschen
1 Knoblauchzehe
1 TL Rosmarin
1 gestrichener EL Gerrys Zaubersalz (s. S. 16)
200 g feines Olivenöl
1 Päckchen frische Kresse
Pfeffer, nach Belieben

Jetzt kannst du auch mit Olivenöl zaubern. Schmeckt himmlisch!

1. Mixe den Salbei, die Basilikumblätter, die Petersilie, den Knoblauch, den Rosmarin, Gerrys Zaubersalz, das Öl, die Kresse und den Pfeffer im Mixtopf 8 Sekunden/ Stufe 7. Schiebe die Stücke mit dem Spatel nach unten und püriere das Öl nochmals 10 Sekunden/ Stufe 9.

2. Fülle das Öl in saubere Schraubgläser ab. Kühl und dunkel gelagert hält das Zauberöl 2-3 Wochen.

mixtipp
Dieses intensiv grüne Zauberöl schmeckt nicht nur klasse, es sieht auch sehr gut aus, wenn du es auf weißen Fisch träufelst.

mixtipp

Du kannst auch deine Nudeln damit verfeinern.

mixtipp

In kleine Gläser abgefüllt hast du wahrlich zauberhafte Mitbringsel.

VORSPEISEN

15-20 Portionen | 3 h 30 Min. | leicht

GERRYS FEINE LACHS-CREME MIT FRISCHER TOMATEN-SALSA

Zubereitungszeit: 30 Minuten
Kühlzeit: 3 Stunden
Zutaten für 15-20 Portionen

- 2 große Tomaten, geviertelt
- 1 rote Zwiebel, halbiert
- 1 Knoblauchzehe, halbiert
- 1 grüne Paprika, entkernt, in Stücken
- 1 kl. Peperoni, entkernt, in Stücken
- 1 EL frischer Limettensaft
- 25 g frischer Koriander, gehackt

- 1 Schalotte, in Stücken
- 1 grüne Paprika, geviertelt
- 2 Möhren, geschält, in Stücken
- 180 g gekochter Wildlachs, aus der Dose, in Stücken, alternativ selber dünsten (s. S. 98)
- 50 g Mayonnaise, fettarm
- 120 g Tomaten-Salsa, soeben produziert

Viel Spaß mit der nicht alltäglichen Lachscreme!

1. Zuerst bereitest du die frische Tomaten-Salsa zu. Gib dafür Tomaten, Zwiebel, Knoblauch, Paprika und Peperoni in den Mixtopf und zerkleinere die Mischung 10 Sekunden/ Stufe 8. Schiebe die Stücke mit dem Spatel nach unten.

2. Füge Limettensaft und Koriander hinzu und mische die Masse 8 Sekunden/ Stufe 5. Fülle die Salsa in eine separate Schüssel um und lass sie im Kühlschrank drei Stunden ziehen.

3. Nun kannst du die feine Lachscreme herstellen. Hacke dafür Schalotte, Paprika und Möhrenstücke im Mixtopf 10 Sekunden/ Stufe 9 fein. Schiebe die Stücke mit dem Spatel nach unten.

4. Gib die Wildlachsstücke hinzu und mische sie 10 Sekunden/ Stufe 5 unter. Schalte währenddessen langsam auf Stufe 8 hoch.

5. Füge zuletzt noch die fettarme Mayonnaise und 120 Gramm von der vorher gemachten Tomaten-Salsa hinzu und verrühre die Creme 15 Sekunden/ Stufe 4.

mixtipp

Richte die Creme auf Pumpernickel, Vollkorn- oder Toastbrot schön mit ein paar Salatblättern oder etwas Kaviar an.

4 Portionen | 20 Min. | leicht

GERRYS HUMMERCOCKTAIL AUF GANZ EINFACHE ART

Zubereitungszeit: 20 Minuten
Utensilien: 4 Cocktailgläser, 1 Saftpresse
Zutaten für 4 Portionen

- 1 Dose Hummerfleisch, ca. 350 g oder 1 TK-Hummer, aufgetaut und zerlegt (Schwanz und Scheren)
- 1 Dose Champignonscheiben (400 g)
- Saft von einer ½ Zitrone
- 100 g Mayonnaise, fettarm
- 20 g Tomatenmark
- 3 EL Sahne, fettreduziert, alternativ Milch
- ½ TL Gerrys Zaubersalz (s. S. 16)
- 1 Prise Zucker
- 2 TL Cognac
- Pfeffer, nach Belieben
- 1 Msp. Cayennepfeffer
- etwas Petersilie, gehackt, zur Deko
- ½ Zitrone in Scheiben, zur Deko

Auch Delikatessen kann man einfach zubereiten.

1. Zerpflücke entweder das Hummerfleisch aus der Dose oder schneide den aufgetauten, zerlegten Hummerschwanz in Scheiben, halbiere die Scheren und verteile das Hummerfleisch sowie die Champignonscheiben auf 4 Cocktailgläser. Bewahre von den Champignons ein paar Scheiben zur Deko auf. Halbiere die Zitrone und presse den Saft einer halben Zitrone mit einer Saftpresse in eine separate Schale.

2. Nun kommt der Thermomix ins Spiel: Vermische Mayonnaise, Tomatenmark, Sahne, Zitronensaft, Zaubersalz, Zucker, Cognac, Pfeffer und Cayennepfeffer im Mixtopf 12 Sekunden/ Stufe 5 und gieße die Mischung anschließend in die gefüllten Cocktailgläser.

3. Dekoriere die Gläser mit Petersilie, Champignons und Zitronenscheiben.

mixtipp

Früher haben die Küchenchefs dazu nur Toastbrot gereicht. Mir gefallen dazu viel besser in Butter geröstete Baguettescheiben.

mixtipp

Mit einigen Ananasstückchen und wenigen Spargelspitzen kannst du den Hummercocktail noch toppen!

mixtipp

Wenn du gerade an keinen Hummer rankommst: Es funktioniert genauso gut mit Crevetten aus dem Discounter.

1 Lachs | 3 Tage 5 Min. | leicht

GERRYS GRAVED LACHS – SELBST GEBEIZT

Zubereitungszeit: 5 Minuten
Ruhezeit: 3 Tage
Utensilien: 1 feine Reibe
Zutaten für 1 Lachs

- Abrieb von 2 Bio-Zitronen
- 60 g Petersilie, frisch
- 50 g Kerbel, frisch
- 200 g Dill, frisch
- 20 g Wacholderbeeren
- 20 g Pfefferkörner, bunt
- 15 g Senfkörner
- 10 g Korianderblätter
- 6 Lorbeerblätter
- 1 Zweiglein Thymian, frisch
- 1 Zweiglein Rosmarin, frisch
- 50 g Gerrys Zaubersalz (s. S. 16)
- 100 g Meersalz, grob
- 50 g Zucker
- 500-700 g frisches Lachsfilet mit Haut, ohne Gräten

Achte beim Einkauf auf eine gute Lachsqualität!

1. Wasche zunächst die Zitronen unter heißem Wasser und reibe die Schale mit einer feinen Reibe in den Mixtopf.

2. Gib Petersilie, Kerbel, Dill, Wacholderbeeren, Pfefferkörner, Senfkörner, Koriander, Lorbeerblätter, Thymian, Rosmarin, Zitronenschalenabrieb, Zaubersalz, Meersalz und Zucker in den Mixtopf und zerkleinere die Zutaten 10 Sekunden/ Stufe 8.

3. Reibe den Lachs mit dieser Mischung gut ein. Mariniere ihn gekühlt und zugedeckt 3 Tage und wende ihn dabei einmal am Tag.

4. Streife vor dem Servieren die Marinade ab (nicht waschen!). Schneide den Lachs entweder in dünne Scheiben oder in daumendicke Stücke.

Viel Spaß damit!

mixtipp

Am besten passen Dill-Senfsauce (aus süßem Senf) und Reiberdatschi (Kartoffelpuffer) dazu.

4 Portionen | 20 Min. | mittel

GERRYS NEUHEIT AUS DEM MEER: „TONNO TONNATO“

Zubereitungszeit: 20 Minuten
Utensilien: 1 Saftpresse,
1 beschichtete Pfanne,
1 flacher Vorspeisenteller
Zutaten für 4 Portionen

Für die Sauce:

- Saft von einer ½ Zitrone
- 5 g Senf, mittelscharf
- 1 Ei, Größe M, zimmerwarm
- Pfeffer aus der Mühle, nach Belieben
- 5 g Gerrys Zaubersalz (s. S. 16)
- 200 g gutes Olivenöl, zimmerwarm
- 100 g Dosenthunfisch im eigenen Saft, abgetropft und mit den Fingern zerzupft (das sind ca. 2 kleine Dosen)
- 6 kleine Cornichons, in Stücken
- 2 EL Kapern

- 2 Thunfischsteaks à 200 g, frisch, Sushi-Qualität

Wieder einmal etwas ganz feines – aber anders als erwartet…

Die meisten kennen „VITELLO TONNATO“, eine italienische Spezialität: Vitello = Kalbfleisch, Tonnato = eine cremige Thunfischsauce. Schmeckt wunderbar. Meine Frau hat mich auf die Idee gebracht: „Nimm doch mal anstatt Kalbfleisch diesen dunkelroten frischen Thunfisch, Sushi-Qualität.“

Okay – Wir beginnen mit der Tonnato-Sauce:

1. Teile die Zitrone in zwei Hälften und presse den Saft einer Hälfte mit einer Saftpresse in den Mixtopf. Gib Senf, Ei, Pfeffer und Zaubersalz dazu und stelle auf Stufe 3,5 daraus eine Mayonnaise her. Lass währenddessen das feine Öl langsam durch die Deckelöffnung eintröpfeln ohne den Messbecher abzunehmen. Das geht prima, weil der Messbecher dafür ein kleines Loch hat! Wusstest du das? Lass das Messer laufen, bis eine cremige Mayo entstanden ist.

2. Nun fügst du den zerzupften Dosenthunfisch, die Cornichon-Stückchen und die Hälfte der Kapern hinzu und mixt die Mischung 20 Sekunden/ Stufe 6. Schalte dabei langsam bis Stufe 8 hoch.

3. Nun wird´s spannend: Brate die beiden dunkelroten Thunfischsteaks in einer sehr heißen, beschichteten Pfanne ohne Fett auf jeder Seite maximal 30 Sekunden an und nimm sie anschließend sofort wieder aus der Pfanne! Der Fisch muss innen noch rot sein, das ist sehr wichtig!

mixtipp

Als Dekoration eignen sich auch 4 Sardellenfilets. Gut machen sich wegen der Optik auch ein paar gelbe Zitronenschnitzer und langer grüner Schnittlauch.

4. Nun schneidest du den Thunfisch mit einem scharfen Messer schräg in Scheiben. Der Fisch darf ruhig kalt werden.

5. Auf einem flachen Vorspeisenteller richtest du die Thunfischscheiben an und überziehst sie mit der oben gemachten Mayonnaise. Dekoriere dein Tonno Tonnato noch mit der anderen Hälfte der Kapern.

Viel Freude mit diesem neuen Rezept!

mixtipp

Noch ein Tipp für Sushi-Liebhaber: Dieses Gericht funktioniert auch mit rohem (also nicht angebratenem) Thunfisch.

mixtipp

Dazu passt gekauftes oder noch besser selbst gebackenes Baguette und ein feiner trockener Riesling oder Lugana.

4 Portionen | 1h 20-30 Min. | mittel

GERRYS TATAR VOM FRISCHEN SEESAIBLING

Zubereitungszeit: 10 Minuten
Kühlzeit: 70-80 Minuten
Utensilien: 1 Pfanne, 1 feine Reibe, 1 Saftpresse
Zutaten für 4 Portionen

- 400 g Filet vom frischen Seesaibling ohne Haut, Forelle geht auch
- 3 Zweiglein Dill, frisch
- Pfeffer, nach Belieben
- 10 g sehr gutes Olivenöl

- 3 gehäufte EL Pinienkerne
- Abrieb und Saft von 1 Bio-Zitrone
- 1 Knoblauchzehe
- 1 Schalotte, in groben Stücken
- 1 Bund Petersilie
- 1 Bund Basilikum
- 60 g fruchtiges Olivenöl
- 10 g Gerrys Zaubersalz (s. S. 16)
- Pfeffer, nach Belieben
- 1 EL Parmesan, gerieben, nach Geschmack
- Frisee, Rucola und Dill zum Garnieren

Verwende nur sehr frischen Fisch – keine Tiefkühlware!

1. Wasche zunächst die Saiblingsfilets, tupfe sie trocken, wenn nötig, zupfe ein paar Gräten heraus (mit den Fingern kannst du das fühlen!) und lagere sie anschließend 70-80 Minuten im Kühlschrank.

2. Du kannst danach den Fisch in Stücken mit dem Dill 7 Sekunden/ Stufe 7 im Mixtopf zerkleinern und die Stücke anschließend mit dem Spatel nach unten schieben. Vermische den Fisch mit dem Pfeffer und dem Olivenöl 10 Sekunden/ Stufe 2 und stelle ihn wieder kühl.

3. Wenn du deinen Gästen aber auch optisch einen Genuss bieten möchtest, dann schneide den Fisch mit einem scharfen Messer in ca. 4 mm große Würfelchen und hacke auch den Dill mit dem Messer. Vermische den Fisch mit Pfeffer und Öl und stelle ihn dann kühl. Wohl gemerkt: geschmacklich gibt es keinen Unterschied!

4. Während die Fischwürfelchen bis zum Servieren in der Kühlung warten, röstest du die Pinienkerne in einer Pfanne ohne Öl bei mittlerer Hitze an, bis sie eine hellbraune Farbe angenommen haben und deine Küche wunderbar duftet. Lass sie auf einem kalten Teller auskühlen. Außerdem wäschst du die Zitrone mit heißem Wasser, reibst die Schale mit einer feinen Reibe in eine kleine Schüssel und presst den Saft mit einer Saftpresse in ein weiteres Schälchen.

5. Nun schalten wir den Thermomix ein: Mische Knoblauch, Schalotte, Petersilie, Basilikum und Zitronenabrieb mit der Hälfte der Pinienkerne im Mixtopf 6 Sekunden/ Stufe 9. Schiebe die Stücke mit dem Spatel nach unten.

mixtipp

Zu dieser köstlichen Vorspeise serviere ich gerne einen kalten Riesling und noch leicht warmes Baguette.

mixtipp

Ich empfehle entweder mit einem Edelstahl-Servierring oder einer kleineren Schöpfkelle das Tatar auf dem Teller anzurichten.

6. Nun gibst du das gute Olivenöl und 1 EL Zitronensaft bei 30 Sekunden/ Stufe 3 langsam dazu. Mische anschließend Gerrys Zaubersalz, Pfeffer und den Parmesan 12 Sekunden/ Stufe 3 unter.

7. Richte auf 4 Tellern auf einem Salatbettchen mit Frisee oder Rucola und Dill dieses feine Tatar mit dem Pesto und dem Rest der Pinienkerne an.

mixtipp

Wenn du dem Ganzen noch eine Krone aufsetzen möchtest, lege zusätzlich auf jeden Teller eine Scheibe vom gekochten Ei, einen halben TL Schmand und einen halben TL orangefarbenen Forellenkaviar. Deine Gäste werden dich lieben.

SUPPEN

4 Portionen | 1 h | mittel

GERRYS FEINES FISCH-SÜPPCHEN ASIA STYLE

Zubereitungszeit: 1 Stunde
Utensilien: 1 feine Reibe, 1 Saftpresse
Zutaten für 4 Portionen

- 900 g Fischfilet, frisch, gemischt, (z.B. Kabeljau, Dorade, Brasse, Petersfisch oder auch Garnelen)
- 1 gehäufter TL Gerrys Zaubergewürz für Fisch und Meeresfrüchte (s. S. 18)
- Abrieb und Saft von ½ Bio-Zitrone
- 1 Stange Lauch, geputzt, in Stücken
- 1 Stange Staudensellerie, geputzt, in Stücken
- 1 kl. Fenchelknolle, geputzt, in Stücken
- 3 Knoblauchzehen
- 1 Zweiglein frischer Oregano, getrocknet geht auch
- 20 g gutes Olivenöl
- 750 g guter Fischfond, gibt's im Supermarkt
- 2 TL Paprika, edelsüß
- Pfeffer aus der Mühle, nach Belieben
- 300 g Tomaten, aus der Dose, in Stücken
- 1 gehäufter EL Korianderblätter, frisch
- 80 g Glasnudeln, z.B. von Vermicelli
- 1 EL Petersilie, frisch, zur Dekoration

Dieses feine Süppchen findest du nur hier!

1. Wasche die von dir ausgesuchten Fischfilets, tupfe sie trocken, schneide sie in mundgerechte Stücke, würze sie mit dem Zaubergewürz für Fisch und Meeresfrüchte und stelle sie beiseite. Wasche die Zitrone unter heißem Wasser, halbiere sie und reibe die Schale von einer Hälfte mit einer feinen Reibe in eine separate Schale und presse den Saft mit einer Saftpresse aus.

2. Zerkleinere anschließend Lauch, Staudensellerie, Fenchel, Knoblauch und Oregano im Mixtopf 20 Sekunden/ Stufe 8. Schiebe mit dem Spatel die Stücke nach unten. Gib das Olivenöl dazu und dünste die Gemüsemischung 6 Minuten/ 100°C/ Stufe 2 an.

3. Füge Fischfond, Paprikapulver, etwas Pfeffer und Dosentomaten hinzu und koche die Suppe 12 Minuten/ Varoma/ Stufe 2.

4. Nun darf der Fisch schwimmen: Gib deine gewürzten Fischfiletstücke mit dem Zitronenabrieb, dem Zitronensaft, dem Koriander und den Glasnudeln in den Mixtopf und koche die Mischung 15 Minuten/ 90°C/ Linkslauf/ Sanftrührstufe. Linkslauf ist wichtig! Wir wollen ja die feinen Fischwürfel erhalten.

5. Richte die Suppe auf Tellern an und bestreue sie mit der frischen Petersilie.

mixtipp

Ein paar wenige Spritzer Sojasauce runden den feinen Geschmack ab. Da das aber nicht jeder mag, habe ich es im Rezept weggelassen.

4 Portionen | 1 h | leicht

GERRYS SAFRAN-ZITRONENGRAS-SÜPPCHEN MIT PARTY-SHRIMPS UND JAKOBSMUSCHELN

Zubereitungszeit: 1 Stunde
Utensilien: 1 feine Reibe, 1 Saftpresse
Zutaten für 4 Portionen

- 1 Bund Frühlingszwiebeln, geputzt, in Ringe geschnitten
- 1½ Stangen Staudensellerie, geputzt, in Ringe geschnitten
- 20 g Olivenöl
- 500 g Gemüsebrühe, warm
- Abrieb und Saft von 1 Bio-Limette
- 400 g Kokosmilch, cremig, aus der Dose
- 5 g Zitronengraspulver
- 5 g Gerrys Zaubersalz (s. S. 16)
- Pfeffer aus der Mühle, nach Belieben
- 8 Jakobsmuscheln, frisch und roh
- 15 g Butter
- 100 g Partyshrimps, gekocht
- 1 Dose Safranfäden, 0,1 g, aus dem Supermarkt

Eine Delikatesse, die ganz einfach zu machen ist, deine Gäste aber staunen lässt.

1. Dünste zunächst die Frühlingszwiebel- und Staudenselleriringe mit dem Olivenöl im Mixtopf 4 Minuten/ 100°C/ Stufe 2. Gib die Gemüsebrühe dazu und koche die Gemüsemischung 8 Minuten/ 100°C/ Stufe 2. Wasche die Limette unter heißem Wasser, reibe die Schale mit einer feinen Reibe in eine separate Schale und presse den Saft mit einer Saftpresse aus.

2. Füge Kokosmilch, Limettensaft, Zitronengraspulver, Gerrys Zaubersalz und etwas Pfeffer hinzu und vermische die Zutaten 20 Sekunden/ Stufe 5. Lass sie anschließend 10 Minuten/ 80°C/ Stufe 2 köcheln und halte die Flüssigkeit dann warm.

3. Brate in der Zwischenzeit die rohen Jakobsmuscheln in feiner Butter 1,5 Minuten an. Wende sie anschließend und brate sie auch von der anderen Seite nochmals 1,5 Minuten. Wärme die gekochten Shrimps mit an. Die Jakobsmuscheln sollten innen glasig sein!

4. Fülle die Suppe in vorgewärmte Suppenschalen, lege in die Mitte je 2 Jakobsmuscheln – umringt von den Partyshrimps – und serviere die Suppe mit dem Limettenabrieb und den wenigen Safranfäden. Ein Gedicht!!!

mixtipp

Das Auge isst ja bekanntlich mit. Deshalb gebe ich gerne einen Klecks geschlagene Sahne (mit einer Spur gemahlenem Chili/Chilischote) in den Teller. Ein bisschen Grün (Schnittlauch, Petersilie, Dill) hübschen das Gericht auf.

6 Portionen | 1 h 30 Min. | mittel

GERRYS FEINE FISCHBÄLLCHEN-SUPPE

Zubereitungszeit: 30 Minuten
Ruhezeit: 1 Stunde
Utensilien: 1 Saftpresse
Zutaten für 6 Portionen

- Saft von einer ½ Zitrone
- 300 g Kabeljaufilet
- 300 g Seelachsfilet
- 1 Msp. Muskatpulver
- 1 Msp. Kurkuma
- ½ TL Ingwerpulver
- ½ TL Gerrys Zaubersalz (s. S. 16)
- Pfeffer, nach Belieben
- 2 kleine Schalotten, geviertelt
- 50 g Räucherspeck, gewürfelt
- 2 altbackene Semmeln, eingeweicht und gut ausgedrückt
- 1500 g Fischfond, heiß, Gemüsebrühe geht zur Not auch
- Petersilie und/oder Schnittlauchröllchen

Wieder ein nicht alltägliches Gericht, das zum Kochen und Genießen verführt.

1. Als Erstes presst du den Saft einer halben Zitrone aus, wäschst die Fischfilets, tupfst sie trocken, bestreust sie mit den Gewürzen und säuerst sie mit dem Zitronensaft. Schneide die Filets in grobe Stücke und zerkleinere sie im Mixtopf 8 Sekunden/ Stufe 8. Schiebe die Stücke mit dem Spatel nach unten und bearbeite sie nochmals 8 Sekunden/ Stufe 9. Fülle die zerkleinerten Filets in eine separate Schüssel und stelle sie zugedeckt 1 Stunde kalt.

2. Anschließend zerkleinerst du Schalotten und Speckwürfel im Mixtopf 10 Sekunden/ Stufe 8 und dünstest sie 7 Minuten/ 100°C/ Stufe 2 an.

3. Gib die eingeweichten und gut ausgedrückten Semmeln dazu und vermische die Zutaten weitere 20 Sekunden/ Stufe 6.

4. Nun fügst du die Fischmasse dazu und knetest sie 2 Minuten/ Teigknetstufe zu einem Teig.

5. Forme mit angefeuchteten Händen daraus Fischbällchen (Suppenklößchen) und lass sie 6 Minuten in einem Topf im sehr heißen (nicht kochenden) Fond gar ziehen.

6. Gib vor dem Servieren noch Schnittlauch oder Petersilie dazu.

mixtipp

Interessante Alternative: Du kannst aus diesem Teig auch Frikadellen formen, sie in Semmelbröseln wälzen und in heißem Öl von beiden Seiten in der Pfanne braten. Meine Empfehlung dazu: Kartoffelsalat oder Salzkartoffeln und gemischter Salat.

4 Portionen | 1 h 30 Min. | leicht

KARTOFFELSUPPE MIT VENUSMUSCHELN – ZUPPA DI PATATE CON VONGOLE

Zubereitungszeit: 1 Stunde 30 Minuten
Zutaten für 4 Portionen

1 Selleriestange, in Stücken
1 Zwiebel, mittelgroß, geviertelt
1 Karotte, geschält, in Stücken
30 g Olivenöl
400 g Tomaten, geschält, aus der Dose
2 Kartoffeln, mittelgroß, festkochend, gewürfelt
1100 g Gemüsebrühe, warm
100 g Weißwein, trocken
1 Zweig frischer Rosmarin
1 TL Kerbel, frisch
2 Gläser Vongole al naturale, à 130 g
Salz, nach Belieben
Pfeffer, nach Belieben
4 Scheiben Bauernbrot

Köstliches vom Gardasee aus Gerrys feiner Küche:

1. Zerkleinere Sellerie, Zwiebel und Karotte im Mixtopf 5 Sekunden/ Stufe 5, schiebe die Stücke mit dem Spatel nach unten und gib Olivenöl dazu. Dünste die Gemüsestücke 10 Minuten/ 95°C/ Stufe 1 an.

2. Gib Tomaten aus der Dose, Kartoffelwürfel, Gemüsebrühe und Weißwein dazu und koche die Zutaten 20 Minuten/ 100°C/ Stufe 1.

3. Füge Rosmarin und Kerbel hinzu und koche die Suppe weitere 40 Minuten/ 95°C/ Stufe 1.

4. Nun gibst du die abgetropften Venusmuscheln dazu, entfernst den Rosmarinzweig und schmeckst mit Salz (vorzugsweise Gerrys Zaubersalz) und Pfeffer ab.

5. Lege in 4 Suppenschalen je eine Scheibe Bauernbrot (kann auch geröstet sein) und gieße die Suppe darüber. Nun kannst du die fertige Suppe servieren.

Vermutlich haben das deine Gäste noch nie gesehen bzw. gegessen. Du kommst da groß raus, dank Gerry.

mixtipp

Ein Klecks geschlagene Sahne im Teller macht sich gut.

LECKERES MIT MEERESFRÜCHTEN

4 Portionen | 30 Min. | leicht

GERRYS JAKOBSMUSCHELN IN SAFRANSAUCE

Zubereitungszeit: 30 Minuten
Zutaten für 4 Portionen

- 1 Karotte, geschält, in Stücken
- 1 Frühlingszwiebel, in Stücken
- 150 g Weißwein, trocken, z.B. Riesling
- 1 Prise Salz
- 16 Jakobsmuscheln, aus der Schale gelöst
- 10 g Sahne
- 50 g Butter, in Stücken
- 1 Msp. Safranfäden

1. Zerkleinere zunächst Karotte und Frühlingszwiebel im Mixtopf 5 Sekunden/ Stufe 6. Schiebe die Stücke mit dem Spatel nach unten und köchele die Zutaten mit Wein und einer Prise Salz im Mixtopf 9 Minuten/ 100°C/ Stufe 1 ohne Messbecher. Setze das Garkörbchen ein, lege die Jakobsmuscheln hinein und lass die Zutaten mit dem wieder eingesetzten Messbecher weitere 4 Minuten/ 98°C/ Stufe 1 köcheln.

2. Nimm das Garkörbchen mit den Muscheln aus dem Mixtopf und halte die Muscheln warm.

3. Koche den Sud weitere 5 Minuten/ 120°C/ Stufe 1 ohne Messbecher ein, gib Sahne, Butter und Safranfäden dazu und schäume die Sauce 12 Sekunden/ Stufe 4 auf. Gieße die heiße Sauce anschließend über die Muscheln.

mixtipp

Dekovorschlag: Wenn du die Sauce in den Muschelschalen anrichtest, sieht es besonders gut aus. Ein Teller mit Rucola und Zitronenscheiben tut's auch.

4 Portionen | 40 Min. | leicht

GERRYS MIESMUSCHELN MIT CURRY UND KIRSCHWASSER

Zubereitungszeit: 40 Minuten
Zutaten für 4 Portionen

2000 g Miesmuscheln, frisch, gesäubert
350 g Weißwein, trocken, z.B. Riesling
2 EL Currypulver, gelb
50 g Erdnussöl
400 g Sahne
1 Knoblauchzehe, in groben Stücken
1 Dose Safranfäden, 0,1 g, in 2 EL Wein 10 Minuten aufgelöst
Pfeffer, nach Belieben
30 g Kirschwasser
2 EL Petersilie, frisch, gehackt

mixtipp

Manchmal gebe ich auch ein bisschen Chili aus der Mühle dazu.

So essen die Schweizer die Moules au Curry:

1. Als Erstes verteilst du die frischen und gesäuberten Miesmuscheln (geöffnete wegwerfen) im Varoma.

2. Koche Weißwein, Currypulver, Erdnussöl, Sahne, Knoblauch, Safran und Pfeffer im Mixtopf 10 Minuten/ 100°C/ Stufe 3. Dann setzt du den Varoma mit den Muscheln auf und kochst die Zutaten weitere 10 Minuten/ Varoma/ Stufe 2. Die Muscheln sind nun geöffnet. Noch geschlossene Muscheln solltest du besser entsorgen. Setze den Varoma ab, decke ihn mit einem Handtuch ab und halte ihn warm.

3. Nun reduzierst du die Sauce ohne Messbecher 5 Minuten/ Varoma/ Stufe 2. Zuletzt gibst du Kirschwasser und Petersilie dazu und mischst die Sauce 20 Sekunden/ Stufe 4 durch.

4. Richte die Muscheln an und übergieße sie mit der heißen Sauce.

Nun wünsche ich dir ein perfektes Muschelessen.

mixtipp
Dazu passt selbst gemachtes oder gekauftes Baguette.

4 Portionen | 20 Min. | leicht

GERRYS EINFACHES ABER FEINES KRABBENRAGOUT IN BLÄTTERTEIGPASTETE

Zubereitungszeit: 20 Minuten
Zutaten für 4 Portionen

- 2 Schalotten, in Stücken
- 40 g Butter
- 40 g Mehl
- 250 g kräftige Fleischbrühe, warm
- 1 Eigelb, Größe M
- 50 g Milch
- 1 TL Zitronensaft
- ½ TL Gerrys Zaubersalz (s. S. 16)
- Pfeffer, nach Belieben
- 250 g Krabben/Shrimps, im Supermarkt erhältlich
- 120 g Champignonscheiben, 1. Wahl, aus dem Glas
- 4 EL Erbsen, aus der Dose
- 4 Blätterteigpasteten, fertig gekauft
- Zitronen, geachtelt, zum Dekorieren

Einfacher kann man eigentlich so kleine Köstlichkeiten nicht zubereiten…

1. Zerkleinere die Schalotten im Mixtopf 8 Sekunden/ Stufe 8. Schiebe die Stücke mit dem Spatel nach unten, gib Butter und Mehl dazu und schwitze die Schalotten darin 3 Minuten/ 100°C/ Stufe 2 an.

2. Füge die Fleischbrühe in den Mixtopf hinzu und koche die Zutaten 10 Minuten/ 100°C/ Stufe 2.

3. Jetzt gibst du noch Eigelb mit Milch, Zitronensaft, Zaubersalz und Pfeffer in den Mixtopf und vermischst die Zutaten 15 Sekunden/ Stufe 4. Nicht mehr weiter kochen!

4. Wiege Krabben, Champignonscheiben und Erbsen in den Mixtopf ein und erwärme die Mischung 5 Minuten/ 80°C/ Linkslauf/ Sanftrührstufe. Es soll ja alles ganz bleiben.

5. Dieses wieder nicht alltägliche Ragout füllst du zum Schluss in die fertig gekauften Blätterteigpasteten und servierst es umgehend mit Zitronenachteln dekoriert.

Meine Oma hätte jetzt gesagt: So kann man auch mit kleinen Sachen Beamtenkindern eine Freude machen. Ich hatte eine sehr lustige Oma.

mixtipp

Wer mag, kann das Ragout mit etwas Krebsbutter oder auch 1 TL Kapern toppen.

4 Portionen | 25 Min. | leicht

GERRYS GARNELEN AI POMODORI

Zubereitungszeit: 25 Minuten
Utensilien: 1 Pfanne
Zutaten für 4 Portionen

- 1 Zwiebel, halbiert
- 50 g Butter
- 400 g Tomaten, stückig, aus der Dose
- 10 g Tomatenmark
- 100 g Sahne
- Salz, nach Belieben
- Pfeffer, nach Belieben
- 10 g Olivenöl
- 20 Garnelen, ohne Schale

Diese feinen Garnelen liebe ich einfach!

1. Als Erstes gibst du die Zwiebel in den Mixtopf und zerkleinerst sie 8 Sekunden/ Stufe 5. Schiebe die Stücke mit dem Spatel nach unten, gib die Butter dazu und dünste die Stückchen 6 Minuten/ 100°C/ Stufe 1 an.

2. Anschließend fügst du die Tomaten und das Tomatenmark hinzu und lässt die Mischung 10 Minuten/ 95°C/ Stufe 2 köcheln.

3. Gieße nun die Sahne an und rühre sie 1 Minute/ Stufe 3 unter. Schmecke die Sauce mit Salz und Pfeffer ab und püriere sie zu guter Letzt 15 Sekunden/ Stufe 8.

4. Für die Garnelen erhitzt du etwas Olivenöl in einer Pfanne und brätst sie darin von jeder Seite ca. 2 Minuten scharf an. Würze die Garnelen mit Salz und Pfeffer. Perfekt sind sie, wenn sie innen noch glasig sind. Serviere deine Meeresfrüchte mit der Tomatensauce.

mixtipp

Ein Klacks Aioli schmeckt himmlisch dazu!

2 Portionen | 25 Min. | leicht

GERRYS SPAGHETTINI ALLE VONGOLE

Zubereitungszeit: 25 Minuten
Utensilien: 1 Topf
Zutaten für 2 Portionen

- 1 Schalotte, halbiert
- 2 Knoblauchzehen
- 1 Chilischote, getrocknet
- 20 g Olivenöl
- 10 g Tomatenmark
- 400 g Tomaten, geschält, aus der Dose
- Salz, nach Belieben
- Pfeffer, nach Belieben
- Zucker, nach Belieben
- ½ TL getrockneter Oregano
- ½ EL Aceto balsamico
- 250 g Spaghettini
- 130 g Vongole al naturale, ohne Schale, aus dem Glas

Diesen Klassiker gibt es künftig nicht nur beim feinen Italiener, sondern auch in deiner Küche.

1. Zunächst zerkleinerst du die Schalotte, den Knoblauch und die Chili 5 Sekunden/ Stufe 8. Schiebe alles mit dem Spatel nach unten.

2. Ergänze mit Olivenöl und Tomatenmark und schwitze die Mischung 2 Minuten/ 100°C/ Stufe 1 an.

3. Gib die Tomaten, Salz, Pfeffer, Zucker, Oregano und Aceto balsamico dazu und lass die Zutaten 10 Minuten/ 100°C/ Stufe 2 kochen.

4. Koche nun in einem separaten Topf die Spaghettini nach Packungsanweisung bissfest.

5. Anschließend schüttest du die Vongole in den Sugo im Mixtopf und erhitzt sie 3 Minuten/ 95°C/ Linkslauf/ Stufe 1.

4 Portionen | 40 Min. | leicht

GERRYS GARNELEN MIT TOMATEN, PAPRIKA UND KNOBLAUCH

Zubereitungszeit: 40 Minuten
Zutaten für 4 Portionen

- 1 grüne Paprika, in Stücken
- 1 rote Paprika, in Stücken
- 2 Schalotten, halbiert
- 2 Knoblauchzehen
- 20 g Olivenöl
- 70 g Sherry medium dry
- 1 TL Koriandersamen, gemahlen
- 1 TL Honig
- Pfeffer, nach Belieben
- 650 g Tomaten, stückig, aus der Dose
- 450 g Garnelen, ohne Schale, gekocht

Eine Vorspeise, die glücklich macht...

1. Zerkleinere als Erstes Paprika, Schalotten und Knoblauchzehen im Mixtopf 8 Sekunden/ Stufe 8 und schiebe die Gemüsestücke mit dem Spatel nach unten. Gieße dann das Olivenöl an und schwitze die Stückchen 8 Minuten/ 100°C/ Stufe 1 an.

2. Füge den Sherry hinzu und köchele die Mischung weitere 4 Minuten/ 100°C/ Stufe 1.

3. Würze mit Korianderpulver, Honig und Pfeffer und gib die Tomaten in den Mixtopf. Lass die Tomaten-Paprika-Mischung 10 Minuten/ 100°C/ Stufe 1 kochen.

4. Füge anschließend die Garnelen hinzu und erhitze diese 3 Minuten/ Linkslauf/ Stufe 1 in der Sauce. Serviere sie mit Pasta oder Reis.

mixtipp

Ganz hervorragend dazu schmecken Glasnudeln und Korianderpesto.

4 Portionen | 45 Min. | leicht

GERRYS RIESENGARNELEN MIT THAILÄNDISCHEM DUFTREIS

Zubereitungszeit: 45 Minuten
Utensilien: 1 Pfanne
Zutaten für 4 Portionen

Für die Riesengarnelen:
12 Riesengarnelen, mit Schale, frisch oder TK
1 EL Gerrys Zaubergewürz für Fisch und Meeresfrüchte (s. S. 18)
15 g Butter
15 g Olivenöl
Zitronenspalten, zum Anrichten

Für den Duftreis:
300 g Duftreis
1000 g Wasser
10 g Salz
20 g Butter

Ein Festessen, das dazu noch schnell gemacht ist...

1. Schneide die (aufgetauten) Riesengarnelen längs am Rücken ein. Entferne den Darmfaden. Das ist ein hellbrauner bis dunkler Faden, der längs durch den Körper verläuft. Manchmal gibt es die Riesengarnelen auch schon aufgeschnitten und ohne Darm zu kaufen. Säubere und trockne nun die Garnelenschwänze und lege sie auf einen separaten Teller. Würze dann die Garnelen, insbesondere den eingeschnittenen Rücken, mit dem Zaubergewürz für Fisch und Meeresfrüchte und stelle den Teller beiseite.

2. Hänge das Garkörbchen in den Mixtopf und wiege den Reis ein. Gieße anschließend das mit Salz gewürzte Wasser langsam über den Reis in den Mixtopf. Gare den Reis 20 Minuten/ 100°C/ Stufe 2.

3. In der Zwischenzeit erhitzt du in einer Pfanne Butter und Öl bei mittlerer Hitze und brätst die Garnelen von jeder Seite kurz an. Sie nehmen eine schöne hellbraune Farbe an. Lass sie noch wenige Minute nachziehen, andernfalls werden sie zäh.

4. Den fertigen Reis verfeinerst du mit der Butter und servierst ihn mit den Garnelen und Zitronenspalten.

mixtipp

Serviere hierzu eine selbstgemachte Knoblauchmayonnaise.

4 Portionen | 45 Min. | mittel

GERRYS WOKGEMÜSE MIT GARNELEN

Die Kombination aus Garnelen und frischem Gemüse ist was Herrliches!

Zubereitungszeit: 45 Minuten
Utensilien: 1 Pfanne
Zutaten für 4 Portionen

- 300 g Paprikamix, in Stücken
- 100 g Frühlingszwiebeln, in Stücken
- 250 g Möhren, in kleinen Stücken
- 150 g Pastinaken, in kleinen Stücken
- 100 g Sellerie, in kleinen Stücken
- 1 gestr. EL Ingwer, gerieben
- 30 g Olivenöl
- 200 g Kokosmilch
- 100 g Sahne
- 100 g Ananas, in Stücken
- 2 gestr. TL rote Currypaste
- Limettensaft, nach Belieben
- Gerrys Zaubersalz, nach Belieben (s. S. 16)
- Pfeffer, nach Belieben
- 250 g Garnelen, ohne Schale

1. Zunächst dünstest du den Paprikamix, die Frühlingszwiebeln, die Möhren, die Pastinaken, den Sellerie und den Ingwer gemeinsam mit der Hälfte des Öls 12 Minuten/ Varoma/ Stufe 1 im Mixtopf an. Fülle das Gemüse dann in eine separate Schüssel um und stelle es warm.

2. Gib Kokosmilch, Sahne, Ananas und die Currypaste in den Mixtopf und reduziere die Flüssigkeit 6 Minuten/ 100°C/ Stufe 1 ohne Messbecher ein. Die Sauce soll eine cremige Konsistenz erreichen. Schmecke sie anschließend mit Limettensaft, Salz und Pfeffer ab.

3. Erhitze das restliche Öl in einer Pfanne und brate darin die Garnelen von beiden Seiten an.

mixtipp
Dazu schmecken gebratene Reisnudeln oder Reis ganz wunderbar.

mixtipp

Garniere deinen Gaumenschmaus mit Kokosraspeln.

4 Portionen | 40 Min. | mittel

GERRYS FEINES RISOTTO MIT GARNELEN

Zubereitungszeit: 40 Minuten
Zutaten für 4 Portionen

- 2 Schalotten, halbiert
- 30 g Olivenöl
- 300 g Risottoreis, z.B. Arborio
- 100 g Weißwein, trocken
- 800 g heiße Gemüsebrühe oder Fischfond
- 400 g Garnelen, gegart
- Zitronensaft, nach Belieben
- Gerrys Zaubersalz, nach Belieben (s. S. 16)
- Pfeffer, nach Belieben
- Butter, nach Belieben

1. Zerkleinere als Erstes die Schalotten im Mixtopf 10 Sekunden/ Stufe 6 und schiebe alles mit dem Spatel nach unten. Gieße das Öl an und dünste die Stückchen 4 Minuten/ Varoma/ Stufe 2 an.

2. Wiege nun den Risottoreis ein und schwitze ihn 5 Minuten/ Varoma/ Stufe 1 an. Die Reiskörner sollen glasig werden. Lösche dann mit dem Weißwein ab und köchele den Reis 4 Minuten/ Varoma/ Sanftrührstufe.

3. Fülle anschließend den Mixtopf mit der Brühe auf und lass das Risotto 20 Minuten/ 98°C/ Linkslauf/ Sanftrührstufe ohne Messbecher köcheln. Gib 5 Minuten vor Garzeitende die Garnelen, Zitronensaft, Zaubersalz, Pfeffer und Butter hinzu.

mixtipp

Mit Knoblauch bekommt dein Risotto noch mehr Pfiff!

mixtipp

Variiere dein Risotto mit anderen Meeresfrüchten, wie Tintenfisch, Sepia oder auch Muscheln.

KLASSIKER MIT FISCH

5 Portionen | 3 h | mittel

GERRYS HIMMLISCHE DORSCHKLÖSSE AUS DER KLOSTERKÜCHE

Zubereitungszeit: 2 Stunden
Ruhezeit: 1 Stunde
Utensilien: 1 Topf
Zutaten für 5 Portionen

Für die Klöße:

- 800 g Dorschfilet, TK, alternativ Seelachs
- 200 g Sahne
- 2 Eier, Größe M
- 1 TL Gerrys Zaubersalz (s. S. 16)
- Pfeffer, nach Belieben
- 20 g Speisestärke
- 30 g Mehl

Für die Sauce:

- 1 Schalotte, halbiert
- 25 g Butter
- 25 g Mehl
- 200 g Milch
- 120 g Riesling, trocken
- 250 g Sahne
- 1 EL frischer Dill, gehackt
- 1 gestr. TL Gerrys Zaubergewürz für Fisch und Meeresfrüchte (s. S. 18)
- ½ TL Paprika, edelsüß
- 2 gestr. TL gekörnte Brühe oder 1 Brühwürfel, zerbröselt
- Pfeffer, nach Belieben

Wie gutes Essen schmecken muss, wussten schon die Klosterbrüder. Und diese feinen Fischklöße mit weißer Sauce schmecken nicht nur in der Fastenzeit!

1. Lass den Fisch ca. 90 Minuten antauen und teile ihn in grobe Stücke. Zerkleinere diese im Mixtopf 15 Sekunden/ Stufe 9. Schiebe alles mit dem Spatel nach unten.

2. Verrühre nun Sahne, Eier, Zaubersalz, Pfeffer, Speisestärke und Mehl mit dem zerkleinerten Fisch 30 Sekunden/ Stufe 3 ohne Messbecher. Fülle die Masse um und stelle sie für eine Stunde in den Kühlschrank.

3. Für die Sauce zerkleinerst du die Schalotte 8 Sekunden/ Stufe 8 im gereinigten Mixtopf. Mit dem Spatel alles nach unten schieben. Gib dann die Butter dazu und dünste die Stückchen 4 Minuten/ 100°C/ Stufe 2. Ergänze mit dem Mehl und schwitze die Mischung 3 Minuten/ 100°C/ Stufe 2 an.

4. Schütte die Milch dazu und koche sie 5 Minuten/ 100°C/ Stufe 2 auf.

mixtipp

Dazu schmeckt hervorragend Wildreis.

5. Füge den Riesling, die Sahne, den Dill, das Zaubergewürz, das Paprikapulver, die Brühe und den Pfeffer hinzu und lass die Sauce weitere 30 Minuten/ 85°C/ Stufe 2 ohne Messbecher köcheln.

6. In der Zwischenzeit kochst du 2 Liter Salzwasser in einem Topf auf. Dann stichst du mit einem Löffel aus der Fischmasse Klöße ab und gibst sie in das kochende Salzwasser.

7. Nach knapp 5 Minuten schwimmen die Klößchen an der Oberfläche. Sie sind fertig und sollten in einer vorgewärmten Schüssel auf ihren großen Auftritt warten dürfen.

8. Richte die Fischklöße auf vorgewärmten Tellern an und überziehe sie mit der weißen Sauce.

4 Portionen | 25 Min. | leicht

GERRYS KÖSTLICHE RÄUCHERFISCHKROKETTEN

Zubereitungszeit: 25 Minuten
Utensilien: 1 große Pfanne
Zutaten für 4 Portionen

500 g Räucherfisch ohne Haut und Gräten, in Stücken
½ Bund Petersilie
2 Eier, Größe M
1 gestr. TL Gerrys Zaubersalz (s. S. 16)
180 g Semmelbrösel
Öl zum Ausbacken

Eine nicht alltägliche Köstlichkeit!

1. Zerhacke als Erstes den Fisch mit der Petersilie im Mixtopf 15 Sekunden/ Stufe 8. Schiebe die Stücke mit dem Spatel nach unten.

2. Gib dann Eier, Zaubersalz und 100 g Semmelbrösel hinzu und vermenge die Zutaten 20 Sekunden/ Stufe 5 zu einer festen Masse. Je nach Fischsorte kann es sein, dass du mehr als 100 g Semmelbrösel benötigst.

3. Forme anschließend die Masse zu Kroketten, wälze diese in den restlichen Semmelbröseln und backe sie in heißem Öl schwimmend aus.

mixtipp
Ein Salatteller mundet am besten hierzu!

mixtipp

Probiere deine Kroketten mit geräucherter Forelle, Saibling oder auch Aal aus!

4 Portionen | 30 Min. | leicht

GERRYS ALLTAGS-GOLDBARSCH IN FEINER SENFSAUCE

Zubereitungszeit: 30 Minuten
Utensilien: 1 beschichtete Pfanne
Zutaten für 4 Portionen

½ Schalotte
10 g Olivenöl
250 g Fischfond
250 g Sahne
4 Goldbarschfilets à 200 g
Butter, nach Belieben
3 gestr. EL Senf, mittelscharf
½ EL Zitronensaft
1 TL Gerrys Zaubersalz (s. S. 16)
Pfeffer, nach Belieben
Schnittlauchröllchen, nach Belieben

So ein einfaches Alltagsgericht kann auch Schlemmer überzeugen. Wetten, dass...?

1. Als Erstes zerkleinerst du die Schalotte 10 Sekunden/ Stufe 7 und schiebst die Stückchen mit dem Spatel nach unten. Dünste sie anschließend in dem Öl 2 Minuten/ 100°C/ Stufe 2.

2. Gieße Fischfond und Sahne an und koche die Flüssigkeit 12 Minuten/ 100°C/ Stufe 2 ohne Messbecher sämig ein.

3. In der Zwischenzeit kümmerst du dich um die gesäuberten und trocken getupften Goldbarschfilets. In einer Pfanne lässt du etwas Butter aus und brätst darin den Fisch von jeder Seite ca. 2 Minuten an. Stelle dann die Pfanne zur Seite.

4. Gib Senf, Zitronensaft, Zaubersalz und Pfeffer in den Mixtopf und lass die Sauce weitere 3 Minuten/ 95°C/ Stufe 2 köcheln. Überziehe damit die Fischfilets und dekoriere sie mit Schnittlauchröllchen.

mixtipp

Dazu passen Duftreis, Kartoffelpüree oder auch Salzkartoffeln. Ein bunter Salatteller macht das Gericht noch wertvoller.

4 Portionen | 1 h | leicht

GERRYS SAIBLING AUS DEM STARNBERGER SEE

Zubereitungszeit: 1 Stunde
Zutaten für 4 Portionen

- 1 Lorbeerblatt
- 1 Möhre, geschält, in Stücken
- 1 Zweig Thymian, frisch, gehackt
- 1 Stängel glatte Petersilie, frisch, gehackt
- 500 g Wasser
- 8 Saiblingfilets, gewaschen
- 175 g Aceto balsamico bianco
- 175 g Riesling
- 4 Wacholderbeeren
- Salz, nach Belieben

Mein Lieblingsfisch aus dem See frisch auf den Tisch!

1. Als Erstes kochst du das Lorbeerblatt, die Möhre, den Thymian und die Petersilie mit dem Wasser im Mixtopf 8 Minuten/ 100°C/ Stufe 2. Lege die Fischfilets in den Varoma-Behälter, setze diesen auf den Mixtopf und gare die Filets 10 Minuten/ 100°C/ Stufe 1.

2. Nimm anschließend den Fisch aus dem Varoma, tupfe ihn trocken und lege ihn auf einen Teller.

3. Reduziere nun den Sud im Mixtopf weitere 12 Minuten/ 100°C/ Stufe 1 ohne Messbecher. Füge dann den Aceto balsamico bianco, den Riesling, Wacholderbeeren und Salz hinzu und lass die Flüssigkeit erneut 10 Minuten/ 100°C/ Stufe 1 ohne Messbecher kochen.

4. Jetzt gießt du den Sud vorsichtig über den Fisch.

mixtipp

Da der Saibling mit der Forelle verwandt ist, kannst du das Rezept auch mit Forellenfilets zubereiten!

mixtipp
Hierzu empfehle ich eine frische Aioli und Baguette!

4 Portionen | 40 Min. | leicht

GERRYS GERÄUCHERTE FORELLEN-BRATKARTOFFEL-PFANNE MIT MEERRETTICH

Zubereitungszeit: 40 Minuten
Utensilien: 1 beschichtete Pfanne
Zutaten für 4 Portionen

- 60 g Meerrettich, geschält, in Stücken
- evtl. Sahne, nach Belieben
- 500 g junge Kartoffeln, ungeschält
- 1000 g Wasser
- 10 g Salz
- 1 TL Kümmel
- 1 Lorbeerblatt
- 4 Forellenfilets à 150 g, frisch geräuchert
- 20 g Olivenöl
- 1 rote Zwiebel, in Ringen
- Frühlingszwiebel, nach Belieben, in Ringen
- Kräutersalz, nach Belieben

Frisch aus dem Rauch schmecken die Forellenfilets am besten. Mein Tipp: Vorbestellen!

1. Als Erstes zerkleinerst du den Meerrettich 6 Sekunden/ Stufe 8, schiebst die Stücke mit dem Spatel nach unten und zerkleinerst ihn nochmal 6 Sekunden/ Stufe 9. Wer mag, kann etwas Sahne zugeben. Fülle den Meerrettich dann in eine separate Schale um.

2. Lege die gewaschenen Kartoffeln ins Garkörbchen und schütte das Wasser in den Mixtopf. Würze es mit Salz, Kümmel und dem Lorbeerblatt und hänge das Garkörbchen ein. Koche die Kartoffeln 28 Minuten/ Varoma/ Stufe 1.

3. Währenddessen zerrupfst du schon einmal die Forellenfilets. Schneide dann die Kartoffeln in Scheiben. Erhitze Olivenöl in einer Pfanne und brate die Kartoffelscheiben mit den Zwiebel- und Frühlingszwiebelringen kross an. Streue zum Schluss etwas Kräutersalz über die Kartoffeln und gib die Forellenfiletstücke in die Pfanne.

4. Serviere die geräucherte Forellen-Bratkartoffelpfanne mit dem Meerrettich. Mhh, lecker!

mixtipp

Zu diesem Gericht eignet sich ein gemischter Salat mit feinem Senfdressing.

4 Portionen | 3-4 h 20 Min. | leicht

GERRYS FEINER MATJES IN PFEFFERSAHNE

Zubereitungszeit: 20 Minuten
Ruhezeit: 3-4 Stunden
Utensilien: 1 Schüssel
Zutaten für 4 Portionen

- 1 rote Zwiebel, in Ringen
- 180 g Sahne
- 100 g Crème Fraîche
- 100 g Saure Sahne
- 200 g Joghurt
- 1 TL Gerrys Zaubersalz (s. S. 16)
- ½ TL Zucker
- 10 g Zitronensaft
- 1 EL grüne Pfefferkörner, eingelegt
- 8 Matjesfilets
- 1 säuerlicher Apfel, z.B. Granny Smith, in kleinen Würfeln

Ich liebe Matjesfilets ... du auch?

1. Zuerst blanchierst du die Zwiebelringe, indem du sie eine Minute in kochendes Wasser tauchst. Nimm sie dann heraus und stelle sie in einer separaten Schale beiseite.

2. Verrühre nun Sahne, Crème Fraîche, Saure Sahne, Joghurt, Zaubersalz, Zucker, Zitronensaft und Pfefferkörner im Mixtopf 15 Sekunden/ Stufe 2.

3. Schichte in einer Schüssel lagenweise die Zwiebelringe, die Matjesfilets und die Apfelwürfel und übergieße die Zutaten anschließend mit der Pfeffer-Sahne-Sauce. Lass die Matjesfilets 3-4 Stunden im Kühlschrank ruhen.

mixtipp

Hierzu schmecken Salzkartoffeln oder Baguette. Ein Glas trockener Weißwein darf ebenfalls nicht fehlen!

4 Portionen | 12 h 20 Min. | leicht

GERRYS FEINE MATJES-STÜCKCHEN IN DILLSAHNE

Zubereitungszeit: 20 Minuten
Ruhezeit: 12 Stunden
Utensilien: 1 Schüssel
Zutaten für 4 Portionen

- 8 frische Matjesfilets
- 1 Bund Dill, grob zerkleinert
- 250 g Sahne
- 130 g Joghurt, 10% Fettgehalt
- ½ TL Gerrys Zaubersalz (s. S. 16)
- 1 Prise Zucker
- Pfeffer, nach Belieben

Hier stelle ich dir eine etwas andere Zubereitungsart von Matjes vor!

1. Schneide zunächst die Matjesfilets in 2 cm große Stücke und stelle sie in einer Schüssel beiseite.

2. Den Dill – hebe einige Dillspitzen für die Dekoration auf – zerkleinerst du im Mixtopf 8 Sekunden/ Stufe 8. Schiebe die Stücke mit dem Spatel nach unten.

3. Als Nächstes gibst du Sahne, Joghurt, Zaubersalz, Zucker und Pfeffer dazu und vermischst die Zutaten 12 Sekunden/ Stufe 4. Verteile die Sauce über den Matjesstücken und lass das Gericht über Nacht ziehen.

4 Portionen | 38-40 Min. | leicht

GERRYS SEELACHSFILETS MIT FEINER SENF-KRÄUTER-KRUSTE

Zubereitungszeit: 30 Minuten
Backzeit: 8-10 Minuten, 220°C Ober-/Unterhitze
Utensilien: 1 Pinsel, 1 Backblech
Zutaten für 4 Portionen

4 Seelachsfilets à 200 g
30 g Olivenöl
2 TL Gerrys Zaubersalz (s. S. 16)
Pfeffer, nach Belieben
1 gestr. EL frische Rosmarinnadeln
1 gestr. EL frische Petersilie
1 gestr. EL frisches Basilikum
1 gestr. EL frischer Schnittlauch, in Röllchen
10 g süßer Senf
2 Eigelb, Größe M
10 g Semmelbrösel
20 g Olivenöl
1 gestr. EL Gerrys Zaubersalz (s. S. 16)
Pfeffer, nach Belieben

Ein einfaches, günstiges und herrliches Fischgericht.

1. Heize als Erstes den Backofen auf 220°C Ober-/Unterhitze vor.

2. Nun wäschst du die Seelachsfilets und tupfst sie trocken. Lege diese auf ein mit Backpapier ausgelegtes Backblech.

3. Als Nächstes verrührst du in einem Schälchen Olivenöl mit Zaubersalz und Pfeffer und bestreichst damit die Seelachsfilets.

4. Jetzt kommt der Mixtopf ins Spiel. Hacke darin Rosmarin, Petersilie, Basilikum und Schnittlauch 12 Sekunden/ Stufe 8 und schiebe die Stücke mit dem Spatel nach unten.

5. Füge Senf, Eigelb, Semmelbrösel, Olivenöl, Zaubersalz und Pfeffer hinzu und verrühre alles 15 Sekunden/ Stufe 3 zu einer Paste.

6. Bestreiche nun mit dieser Paste die Seelachsfilets und überbacke sie damit im vorgeheizten Backofen für 8-10 Minuten/ 220°C Ober-/Unterhitze.

mixtipp

Du kannst für dieses Gericht auch Lachs verwenden.

mixtipp

Ich serviere gerne dazu kross gebratene Kartoffelscheiben. Auch Aioli passt supergut dazu.

4 Portionen | 37-39 Min. | leicht

GERRYS RENKENFILETS MIT FRISCHEN KRÄUTERN

Zubereitungszeit: 25 Minuten
Backzeit: 12-14 Minuten/ 180°C Umluft
Utensilien: 1 feuerfeste Form
Zutaten für 4 Portionen

- 2 Schalotten, in Stücken
- 40 g Butter
- 4 Renkenfilets à 200 g
- 5 g Gerrys Zaubersalz (s. S. 16)
- Pfeffer aus der Mühle, nach Belieben
- 1 EL Petersilie, gehackt
- 1 EL Salbeiblätter, gehackt
- 1 EL Estragon, gehackt
- 15 g Butter, zimmerwarm

Ob Renke oder Saibling – morgens noch im See, abends auf dem Teller, frischer geht's nicht!

1. Heize den Backofen auf 180°C Umluft vor.

2. Zerkleinere die Schalottenstücke im Mixtopf 7 Sekunden/ Stufe 7, schiebe die Stücke mit dem Spatel nach unten und dünste sie mit 40 g Butter 6 Minuten/ 100°C/ Stufe 1.

3. In der Zwischenzeit wäschst du die Renkenfilets und tupfst sie trocken. Lege sie anschließend in eine feuerfeste Form und würze sie mit Gerrys Zaubersalz und Pfeffer.

4. Nun kommen die gehackten Kräuter und 15 g Butter in den Mixtopf und werden 3 Minuten/ 60°C/ Stufe 2 mit den Zwiebeln vermischt. Verteile die Masse dann gleichmäßig über die Filets in der feuerfesten Form.

5. Gare den Fisch im vorgeheizten Backofen bei 180°C Umluft ca. 12-14 Minuten.

mixtipp

Meine Lieblingsbeilage: Kartoffelpüree. Spinat passt zusätzlich hervorragend.

4 Portionen | 50 Min. | leicht

GERRYS FEINE EDELFISCHPFANNE

Zubereitungszeit: 50 Minuten
Utensilien: 1 Pfanne
Zutaten für 4 Portionen

- 2 Schalotten, halbiert
- 30 g Olivenöl
- 250 g Crème Fraîche
- 5 g Gerrys Zaubersalz (s. S. 16)
- ½ TL Kräuter der Provence
- Pfeffer, nach Belieben
- 250 g Fischfond
- 800 g Edelfisch-Mix, roh, erhältlich beim Fischhändler deines Vertrauens
- Weißwein, bei Bedarf und nach Belieben
- Ketchup, bei Bedarf und nach Belieben

mixtipp
Wenn du zu deinem Essen einen bestimmten Wein reichst, dann benutze diesen auch für die Zubereitung deines Gerichtes.

Ein feines schnelles Gericht. Deine Gäste werden es lieben.

1. Als Erstes zerkleinerst du im Mixtopf die Schalotten 10 Sekunden/ Stufe 8 und schiebst die Stücke mit dem Spatel nach unten. Gieße das Öl ein und schwitze die Schalotten darin 4 Minuten/ 100°C/ Stufe 1 an.

2. Füge Crème Fraîche, Zaubersalz, Kräuter der Provence, Pfeffer und Fischfond hinzu und erhitze die Zutaten 10 Minuten/ 100°C/ Stufe 1.

3. Gib das Ergebnis mit dem gewaschenen und trocken getupften Edelfisch-Mix in eine Pfanne und lass alles 15-20 Minuten auf mittlerer Hitze ziehen. Verfeinere das Ganze noch mit etwas Weißwein und ein wenig Ketchup, das lohnt sich. Wenn dir die Edelfischpfanne nach dem Verfeinern zu flüssig ist, kannst du sie mit etwas Speisestärke andicken. Dafür löst du 1 TL Speisestärke in 2 TL Wasser auf und gibst diese Mischung zu der Edelfischpfanne dazu. Koche die Edelfischpfanne nochmals auf und lass sie auf mittlerer Hitze weiter köcheln, bis sie andickt.

mixtipp

Duftreis oder Petersilienkartoffeln, egal was du nimmst, beides schmeckt dazu. Ich persönlich reiche dazu gerne einen feinen trockenen Riesling.

EDLE FISCH-GERICHTE AUS ALLER WELT

4 Portionen | 30 Min. | leicht

GERRYS KABELJAU-RÜCKENFILETS IN BRUNNENKRESSECREME

Zubereitungszeit: 30 Minuten
Utensilien: 1 Pfanne
Zutaten für 4 Portionen

- 1 Bund Brunnenkresse, nur die Blätter, gewaschen
- 250 g Fischfond
- 250 g Sahne
- 125 g Weißwein, trocken, z.B. Riesling
- 4 Kabeljaurückenfilets à 200 g
- Gerrys Zaubersalz, nach Belieben (s. S. 16)
- Pfeffer, nach Belieben
- 30 g Olivenöl
- frische Petersilie, nach Belieben

mixtipp
Duftreis oder Pellkartoffeln schmecken besonders gut dazu.

1. Gib die gewaschenen Brunnenkresseblätter in den Mixtopf und püriere sie 8 Sekunden/ Stufe 8. Fülle sie in eine separate Schüssel um.

2. Koche den Fischfond mit Sahne und Weißwein im Mixtopf 12 Minuten/ 100°C/ Stufe 1 ohne Messbecher ein. Gib die pürierten Brunnenkresseblätter dazu und lass die Creme stehen.

3. Brate in der Zwischenzeit die gewaschenen, trocken getupften, mit Gerrys Zaubersalz und Pfeffer gewürzten Fischfilets in heißem Öl in der Pfanne auf jeder Seite 3-4 Minuten an.

4. Nun wärmst du die im Mixtopf noch wartende Brunnenkressecreme 3 Minuten/ 95°C/ Stufe 2 auf.

5. Richte die fertigen Kabeljaurückenfilets auf vorgewärmten Tellern an und bedecke sie mit der feinen Sauce. Wenn du magst, kannst du die Filets noch mit frischer Petersilie garnieren.

4 Portionen | 30 Min. | leicht

GERRYS KABELJAUFILETS IM INDISCHEN SPINAT-BETTCHEN

Zubereitungszeit: 30 Minuten
Utensilien: 1 Pfanne
Zutaten für 4 Portionen

- 2 TL Ingwer, eingelegt, aus dem Glas + 2 TL Flüssigkeit aus dem Glas
- 5 g Kreuzkümmel, gemahlen
- 5 g Curry
- ½ TL Kurkuma
- 3 Knoblauchzehen, in Stücken
- 1 Prise Muskat
- 5 g Gerrys Zaubersalz (s. S. 16)
- Cayennepfeffer, nach Belieben
- 15 g Mehl, zum Anschwitzen + etwas Mehl für die Filets
- 300 g frische Sahne
- 100 g Kokosmilch, cremig, aus der Dose
- 400 g Rahmspinat, TK, aufgetaut
- 800 g Kabeljaufilets, 4 Stück à 200 g
- 15 g Butterschmalz oder Ghee

Ein feines Fischgericht – aber mal anders zubereitet…

1. Als Erstes mischst du den eingelegten Ingwer mit der Flüssigkeit aus dem Glas, dem Kreuzkümmel, dem Curry, dem Kurkuma, den Knoblauchstücken, dem Muskat, Gerrys Zaubersalz und Cayennepfeffer im Mixtopf 8 Sekunden/ Stufe 8. Schiebe die Stücke mit dem Spatel nach unten.

2. Schwitze die Mischung mit dem Mehl 3 Minuten/ 100°C/ Stufe 2 an, lösche die Zutaten sofort mit der Sahne und der Kokosmilch ab und erwärme alles 2 Minuten/ 100°C/ Stufe 2.

3. Nun gibst du noch den aufgetauten, cremigen Rahmspinat dazu und kochst die Zutaten 8-10 Minuten/ 98°C/ Stufe 2. (Die Zeit ist abhängig von der Spinattemperatur!)

4. Wälze in der Zwischenzeit die Kabeljaufilets in etwas Mehl und brate sie in einer Pfanne mit Butterschmalz 6-8 Minuten goldgelb an. (Die Zeit ist von der Dicke der Filets abhängig!)

5. Richte den indischen Spinat auf vorgewärmten Tellern an und serviere die goldenen Filets oben drauf.

mixtipp
Möchtest du dem Ganzen noch ein Krönchen aufsetzen? Dann nimm noch eine kleine Portion Koriander dazu.

mixtipp
Als Beilage liebe ich Duftreis. Aber du wirst lachen, auch Kartoffelpüree schmeckt gut dazu.

4 Portionen | 35 Min. | mittel

GERRYS ZITRONEN-SKREI MIT FENCHEL

Zubereitungszeit: 35 Minuten
Utensilien: 1 feine Reibe, 1 Saftpresse
Zutaten für 4 Portionen

- Abrieb und Saft von 2 Bio-Zitronen
- 1 Zweig Rosmarin
- 700 g Fischfond oder Gemüsebrühe
- 200 g Duftreis oder Langkornreis
- 600 g Wasser
- 400 g Fenchel, in feine Streifen geschnitten
- 600-800 g Rückenfilet vom Skrei mit Haut, 4 gleich große Teile
- 5 g Gerrys Zaubersalz (s. S. 16)
- 60 g Sahne
- 40 g Vollmilch
- 25 g Mehl
- 10 g Zucker
- 10 g Gemüsebrühe
- ½ TL Gerrys Zaubersalz (s. S. 16)
- 1 TL Pfeffer aus der Mühle

Skrei gibt's nur für kurze Zeit. Eine echte Delikatesse!

1. Wasche 2 Bio-Zitronen und reibe die Schale mit einer feinen Reibe ab, halbiere sie und presse den Saft mit einer Saftpresse aus. Stelle Schale und Saft getrennt zur Seite.

2. Gib den Rosmarinzweig und den Fischfond in den Mixtopf, setze das Garkörbchen ein und fülle den Reis ein. Schütte das Wasser über den Reis.

3. Vermische die Fenchelstreifen mit der Hälfte des Zitronensafts und verteile sie im Varoma.

4. Nun pinselst du den Skrei mit der anderen Hälfte des Zitronensafts und Gerrys Zaubersalz ein und legst die Filets mit der Haut nach unten in den Varoma-Einlegeboden.

5. Setze den Varoma auf den Mixtopf und dämpfe die Zutaten 20 Minuten/ Varoma/ Stufe 1.

6. Danach stellst du den Reis und den Varoma warm, lass dabei den Deckel auf dem Varoma, da das Fischfilet noch nachgart.

7. Leere den Mixtopf, fange dabei die Garflüssigkeit auf und entferne den Rosmarinzweig.

8. Setze nun den Schmetterling ein. Mische Sahne, Milch, Mehl, die Gewürze und den Zitronenabrieb im Mixtopf 5 Sekunden/ Stufe 3.

9. Wiege nun noch von der aufgefangenen Garflüssigkeit 350 g dazu und erhitze die Mischung 4 Minuten/ 100°C/ Stufe 2.

mixtipp

Beim Skrei handelt es sich um Winterkabeljau mit festem Fleisch.

mixtipp

Diese Edelfisch-Delikatesse ist ein heißer Tipp. Und immer wieder bin ich begeistert, dass in einem Arbeitsgang alle drei Komponenten (Reis, Fenchel und Fisch) auf den Punkt gegart sind. Besser geht es eigentlich nicht.

4 Portionen | 3 h 30 Min. | leicht

GERRYS THUNFISCH MIT HONIG UND SOJASAUCE

Zubereitungszeit: 30 Minuten
Ruhezeit: 3 Stunden
Utensilien: 2 Pfannen
Zutaten für 4 Portionen

- 1 Bund Frühlingszwiebeln, in Stücken
- 55 g eingelegte Ingwerscheibchen aus dem Glas, Abtropfgewicht
- 50 g Sesamöl, geröstet
- 30 g Honig, z.B. Waldhonig
- 60 g Sojasauce, dunkel
- 3 EL Balsamicoessig, dunkel
- Cayennepfeffer bzw. Chili, nach Belieben
- Gerrys Zaubersalz, nach Belieben (s. S. 16)
- 4 Thunfischfilets à 180 g, frisch
- Öl zum Braten

mixtipp
Wälze den Thunfisch vor dem Braten noch in Sesam.

Eine Delikatesse für dich und deine Gäste.

1. Gib die geputzten Frühlingszwiebelstücke in den Mixtopf und zerkleinere sie 5 Sekunden/ Stufe 5. Schiebe die Stücke mit dem Spatel nach unten. Füge den abgetropften Ingwer aus dem Glas, Öl, Honig, Sojasauce, Balsamicoessig, Cayennepfeffer und Salz hinzu und mische die Zutaten 10 Sekunden/ Stufe 3. Mit Salz und Cayennepfeffer bin ich immer eher etwas sparsam – nachwürzen kann man immer. Das Gegenteil ist schwieriger.

2. Gieße die nun erhaltene Marinade über den Fisch und stelle ihn 3 Stunden kühl.

3. Trockne den Thunfisch kurz mit Küchenpapier ab und brate ihn anschließend in einer sehr heißen Pfanne mit wenig Öl nur 2 Minuten pro Seite scharf an. Der Thunfisch sollte innen noch einen roten Kern haben. Halte den Fisch anschließend warm.

4. In einer anderen Pfanne reduzierst du die Marinade noch etwas.

5. Serviere die Thunfischfilets nun auf warmen Tellern mit der Honig-Sojasauce.

mixtipp

Serviere zu dem Thunfisch Gemüse deiner Wahl und Reis.

4 Portionen | 35 Min. | leicht

GERRYS LACHSFILETS AUS DEM OFEN MIT FEINER KORIANDERKRUSTE

Zubereitungszeit: 15 Minuten
Backzeit: ca. 20 Minuten, 200°C Umluft
Utensilien: 1 feine Reibe, 1 Saftpresse, 1 ofenfeste Form
Zutaten für 4 Portionen

Für den Lachs:
Saft und Schale von 1 Bio-Zitrone
4 Lachsfilets à 130 g, frisch, gewaschen
15 g Gerrys Zaubersalz (s. S. 16)

Für die köstliche Kruste:
½ Bund Koriandergrün, nur die abgezupften Blätter
1 gestr. EL Korianderkörner, ganz
1 TL bunte Pfefferkörner
40 g Semmelbrösel/Paniermehl
1 TL Senf, mittelscharf
65 g Olivenöl

Göttlich, wenn man Koriander mag. Echt!

1. Heize zunächst den Backofen schonmal auf 200°C Umluft vor.

2. Wasche die Zitrone unter heißem Wasser, reibe die Schale mit einer feinen Reibe ab und presse den Saft aus. Beträufle die gewaschenen und trocken getupften Lachsfilets mit dem Zitronensaft und reibe sie mit der Zitronenschale und dem Zaubersalz ein. Stelle sie anschließend beiseite.

3. Nun darf der Thermomix ran. Zerkleinere Korianderblätter und -körner, bunte Pfefferkörner und Semmelbrösel im Mixtopf 8 Sekunden/ Stufe 8. Schiebe die Stücke mit dem Spatel nach unten.

4. Gib Senf und 30 g Olivenöl dazu und vermenge die Zutaten 15 Sekunden/ Stufe 4 zu einer Paste.

5. Pinsele mit den restlichen 35 g Olivenöl eine ofenfeste Form ein, lege die Lachsfilets hinein, bestreiche sie mit der Gewürzpaste und drücke sie etwas an.

6. Backe den Fisch ca. 20 Minuten/ 200°C Umluft, bis dich die köstliche Kruste golden anlächelt.

mixtipp

Zu diesem leichten Gericht empfehle ich bunten Pflücksalat.

4 Portionen | 50 Min. | mittel

GERRYS ZITRONEN-PFEFFER-LACHS IM GEMÜSEBETTCHEN

Zubereitungszeit: 50 Minuten
Zutaten für 4 Portionen

- 30 g frischer Zitronensaft
- 20 g Olivenöl
- 15 g mittelscharfer Senf
- 3 Knoblauchzehen, in feinen Scheiben
- 5 g Gerrys Zaubersalz (s. S. 16)
- 1 TL schwarzer Pfeffer, grob
- 4 Wildlachsfilets à 200 g
- 1000 g Wasser
- 4 Stangen Lauch, gewaschen, halbiert
- 8 frische Brokkoliröschen
- 250 g Hokkaidokürbis, in dünnen Scheiben
- 2 Bio-Zitronen, in Scheiben

Eine kleine Köstlichkeit.

1. Verrühre Zitronensaft, Olivenöl, Senf, Knoblauchscheiben, Zaubersalz und Pfeffer im Mixtopf 8 Sekunden/ Stufe 5. Lege die gewaschenen und trocken getupften Wildlachsfilets in eine Schale und übergieße sie mit der Mischung aus dem Mixtopf. Stelle die Filets bis zu ihrer Weiterverarbeitung in den Kühlschrank und reinige den Mixtopf gründlich.

2. Gieße das Wasser in den Mixtopf und setze den Varoma auf. Lege die halbierten Lauchstangen nebeneinander hinein, verschließe den Varoma und dünste den Lauch darin 8 Minuten/ Varoma/ Stufe 1.

3. Lege dann die Brokkoliröschen auf den Lauch, verschließe den Varoma wieder und dämpfe das Gemüse 3 Minuten/ Varoma/ Stufe 1. Gib anschließend auch die Kürbisscheiben hinzu, verschließe den Varoma und dünste alles weitere 6 Minuten/ Varoma/ Stufe 1. Hole währenddessen die Filets aus dem Kühlschrank, damit sie Zimmertemperatur annehmen.

4. Nach der Garzeit legst du die Wildlachsfilets auf das Gemüse, verschließt den Varoma und lässt sie 8 Minuten/ Varoma/ Stufe 1 darin garen.

5. Zum Servieren verteilst du die Gemüsebettchen auf vorgewärmte Teller und platzierst die Zitronenscheiben am Rand. Kröne dein Gericht mit den Fischfilets.

mixtipp

Achte beim Öffnen des Varomas unbedingt darauf, dass du Kochhandschuhe oder Topflappen benutzt, da du dich sonst mit dem Dampf verbrennen könntest.

mixtipp

Verwende für dieses Gericht unbedingt frischen Lachs.

4 Portionen | 30 Min. | mittel

GERRYS WILDLACHS MIT GRÜNEM SPARGEL UND KICHERERBSEN-VINAIGRETTE

Zubereitungszeit: 30 Minuten
Utensilien: 1 Kochtopf, 1 beschichtete Pfanne
Zutaten für 4 Portionen

- 1000 g Wasser
- 5 g Salz
- 250 g grüner Spargel
- 60 g frisch gepresster Zitronensaft
- 130 g Olivenöl
- 20 g Honig
- 5 g Gerrys Zaubersalz (s. S. 16)
- Pfeffer, nach Belieben
- 220 g Kichererbsen aus der Dose, abgetropft
- 3 EL Schnittlauch, in Röllchen
- 4 Wildlachsfilets à 200 g
- Pfeffer, nach Belieben
- Gerrys Zaubersalz, nach Belieben

Wieder ein nicht alltägliches Spargelrezept.

1. Koche das Wasser mit Salz in einem Kochtopf auf. Währenddessen wäschst du den Spargel und schälst jeweils den unteren Teil der Spargelstangen. Schneide die Spargelstangen anschließend in etwa 3 cm lange Stücke. Wenn das Wasser kocht, gibst du die Spargelstücke hinein und lässt sie 90 Sekunden darin kochen. Gieße dann das heiße Wasser aus dem Kochtopf ab und übergieße die Spargelstücke mit reichlich kaltem Wasser. So unterbrichst du den Garvorgang. Fülle die Spargelstücke nun in eine separate Schale.

2. Verrühre Zitronensaft, 120 g Olivenöl, Honig, Zaubersalz und Pfeffer im Mixtopf 15 Sekunden/ Stufe 4. Danach gibst du Kichererbsen, Schnittlauchröllchen und die blanchierten Spargelstücke dazu und verrührst alle Zutaten 10 Sekunden/ Linkslauf/ Sanftrührstufe.

3. Wasche als Nächstes die Wildlachsfilets, tupfe sie trocken, würze sie mit Zaubersalz und Pfeffer und brate sie in einer beschichteten Pfanne mit 10 g Öl von beiden Seiten auf mittlerer Hitze etwa 2 Minuten an. Gib zum Abschluss nur noch die Spargelmischung in die Pfanne dazu und wärme sie darin kurz auf. Somit ist dein Gericht fertig zum Servieren.
Viel Freude damit!

4 Portionen | mind. 2 h 30 Min. | leicht

GERRYS JAPANISCHER TERIYAKI-WILDLACHS

Zubereitungszeit: 30 Minuten
Ruhezeit: mindestens 2 Stunden
Backzeit: 10 Minuten, 220°C Ober-/Unterhitze
Utensilien: 1 beschichtete Pfanne, 1 Auflaufform
Zutaten für 4 Portionen

- 2 EL Sesamkörner
- 4 Wildlachsfilets à 200 g
- 5 g Zitronensaft
- 20 g Sojasauce, dunkel
- 30 g Olivenöl
- 5 g Honig
- 5 g Sesamöl
- 5 g Gerrys Zaubergewürz für Fisch und Meeresfrüchte (s. S. 18)
- Pfeffer, nach Belieben

mixtipp

Ich röste immer mehr Sesamkörner an, da man sie gut aufbewahren kann und ich sie für viele Gerichte verwende. Besonders lecker, finde ich, schmecken sie auf Spiegelei.

Von den Japanern können wir köstliche Fischrezepte lernen. Dieses Gericht ist ein gutes Beispiel.

1. Heize den Backofen auf 220°C Ober-/Unterhitze vor.

2. Röste nun die Sesamkörner auf mittlerer Hitze sanft an. Wenn die Sesamkörner hellbraun sind und deine Küche fein duftet, freue dich und fülle sie in ein Schälchen um. Stelle sie bis zu ihrer Weiterverarbeitung beiseite.

3. Wasche die Lachsfilets, tupfe sie trocken und lege sie in eine Schale. Verrühre Zitronensaft, Sojasauce, Olivenöl, Honig, Sesamöl, Zaubergewürz und etwas Pfeffer im Mixtopf 12 Sekunden/ Stufe 4 und mariniere damit die Lachsfilets. Wende sie mehrmals darin, decke die Schale mit Frischhaltefolie ab und lass sie mindestens 2 Stunden im Kühlschrank ruhen.

4. Lege die Wildlachsfilets in eine geeignete Auflaufform und gare sie danach im Backofen 10 Minuten/ 220°C Ober-/Unterhitze, wobei du nach der Hälfte der Garzeit den Rest der Marinade über die Filets gießt und sie weiter garen lässt.

5. Beglücke die Lachsfilets auf aufgewärmten Tellern mit der Marinade und dem gerösteten Sesam. Zeit, dich ein zweites Mal zu freuen.

mixtipp

Serviere zum Lachs blanchierten Pak Choi.

mixtipp

Ob Duftreis oder Kartoffelbrei mit Butter, du entscheidest. Beides hat was.

4 Portionen | 45 Min. | leicht

GERRYS SCHOTTISCHE WILDLACHSFILETS IN KRÄUTERSAHNE UND SCOTCH WHISKY

Zubereitungszeit: 30 Minuten
Backzeit: 15 Minuten/ 180°C Ober-/Unterhitze
Utensilien: 1 Auflaufform, 1 Pfanne
Zutaten für 4 Portionen

- 4 frische Wildlachsfilets à 200 g
- 1 TL Gerrys Zaubergewürz für Fisch und Meeresfrüchte (s. S. 18)
- Pfeffer, nach Belieben
- 1 EL Kräuter der Provence (TK)
- 1 Schalotte, halbiert
- 1 Knoblauchzehe
- 30 g Butter
- 250 g Crème Fraîche
- 250 g Sahne
- 2 TL Tomatenmark
- 2 EL rauchiger Scotch Whisky
- 1 EL Sesamkörner

1. Zuerst heizt du den Backofen auf 180°C Ober-/Unterhitze vor, wäschst und trocknest die Wildlachsfilets und reibst sie mit dem Zaubergewürz für Fisch und Meeresfrüchte ein. Anschließend legst du die Filets in eine Auflaufform, pfefferst sie etwas und streust Kräuter der Provence drüber.

2. Dann zerkleinerst du die Schalotte und den Knoblauch 7 Sekunden/ Stufe 7 im Mixtopf und schiebst die Stückchen mit dem Spatel nach unten.

3. Anschließend gibst du Butter hinzu und dünstest die Zwiebel-Knoblauch-Mischung 5 Minuten/ 100°C/ Stufe 2 an.

4. Jetzt mischst du Crème Fraîche, Sahne, Tomatenmark und Whisky 1 Minute/ Stufe 4 unter und schüttest die Sauce über die in der Auflaufform liegenden Lachsfilets.

5. Schiebe die Form auf die mittlere Schiene in den Backofen und backe das Gericht 15 Minuten/ 180°C Ober-/Unterhitze.

6. In der Zwischenzeit kannst du die Sesamkörner langsam in einer Pfanne ohne Fett anrösten. Serviere zum Lachs Pasta, Reis oder auch einen frischen Salat und streue die Sesamkörner nach dem Anrichten über den Teller.

mixtipp

Garniere den Lachs mit Zitronen-Zesten.

mixtipp

Der geröstete Sesam gibt dem Gericht das Tüpfelchen auf dem i, muss aber nicht sein.

mixtipp

Zu diesem Rezept passen am besten die Single Malt Scotch Whiskys Oban oder Talisker, allerdings nur für Erwachsene. Wenn Kinder mitessen, einfach den Whisky weglassen.

4 Portionen | 25 Min. | leicht

GERRYS HEILBUTTFILETS IN KNOBLAUCH-VANILLE-BUTTER

Zubereitungszeit: 25 Minuten
Utensilien: 1 feine Reibe, 1 Pfanne
Zutaten für 4 Portionen

250 g Wildreis
1000 g Wasser
½ TL Salz
1 Knoblauchzehe
1 Scheibe Ingwer, ca. 3 mm breit, geschält
1 Vanilleschote, halbiert
½ Bio-Zitrone
½ TL Gerrys Zaubersalz (s. S. 16)
Pfeffer, nach Belieben
60 g Butter, weich, in Stücken
4 Heilbuttfilets à 150 g
30 g Olivenöl
5 g Gerrys Zaubergewürz für Fisch und Meeresfrüchte, nach Belieben (s. S. 18)
frischer Dill zum Dekorieren

Die Idee von der Knoblauch-Vanille-Butter stammt von einem bayrischen Sternekoch.

1. Koche als Erstes den Reis im Mixtopf. Dafür gießt du das Wasser mit dem Salz in den Mixtopf, setzt das Garkörbchen mit dem Reis ein und kochst ihn so lange, wie auf der Packung angegeben Varoma/ Stufe 1. Entferne anschließend das Garkörbchen mit Hilfe des Spatels und stelle den Reis warm.

2. Gieße das Garwasser ab und reinige den Mixtopf gründlich.

3. Zerkleinere als Nächstes Knoblauch, Ingwer und Vanilleschote im Mixtopf 6 Sekunden/ Stufe 8 und schiebe die Stücke mit dem Spatel nach unten.

4. Wasche die halbe Zitrone unter warmem Wasser ab, trockne sie und reibe mit einer feinen Reibe die Schale in den Mixtopf. Füge auch Zaubersalz, Pfeffer und Butter hinzu und erhitze die Mischung 5 Minuten/ 98°C/ Stufe 1. Lass sie etwas ruhen.

5. Währenddessen wäschst du die Heilbuttfilets, tupfst sie mit Küchenpapier trocken und brätst sie dann in einer Pfanne mit Olivenöl auf mittlerer Hitze von jeder Seite 2 Minuten goldbraun an. Nimm die Pfanne vom Herd und würze den Fisch mit Zaubergewürz und Pfeffer. Lass den Fisch darin 2 Minuten nachziehen.

6. In der Zeit bereitest du auf den vorgewärmten Tellern jeweils ein Wildreisbettchen vor und belegst dieses mit dem gebratenen Heilbutt. Träufele die wunderbare Knoblauch-Vanille-Butter über die Teller und garniere sie mit grünem Dill.

2 Portionen | 45 Min. | mittel

GERRYS ROTBARSCH-FILETS AUF QUINOTTO

Zubereitungszeit: 45 Minuten
Utensilien: 1 beschichtete Pfanne
Zutaten für 2 Portionen

Für den Fisch:
2 Rotbarschfilets à 200 g
Saft von ½ Zitrone
1 EL Gerrys Zaubergewürz für Fisch und Meeresfrüchte (s. S. 18)
10 g Instantmehl, z.B. von Diamant
20 g Olivenöl
1 Ei, Größe M, verquirlt

Für das Quinotto:
10 g Butter
170 g weiße Quinotto-Fertigmischung, z.B. von Davert
300 g heißes Wasser
70 g Champignons, in Scheiben
60 g Sahne
50 g rote Paprika, in kleinen Stücken

Quinoa, der Reis der Inkas, ist eine Spezialität aus den Anden.

1. Säubere zunächst die Fischfilets und tupfe sie trocken. Beträufele sie mit dem Zitronensaft und stelle sie zur Seite.

2. In einer flachen Schüssel mischst du das Zaubergewürz mit dem Instantmehl.

3. Schmilz anschließend die Butter 1 Minute/ 100°C/ Stufe 1 im Mixtopf, schütte das Quinotto hinein und dünste es 4 Minuten/ 100°C/ Stufe 1 an.

4. Gieße das Wasser an und koche das Gericht 5 Minuten/ 100°C/ Stufe 1 weiter. Danach reduzierst du die Temperatur und garst alles 6 Minuten/ 95°C/ Stufe 1.

5. Zum Schluss fügst du Champignons, Sahne und Paprika hinzu und lässt das Quinotto erneut 10 Minuten/ 95°C/ Linkslauf/ Stufe 1 ohne Messbecher köcheln.

6. Währenddessen erhitzt du das Öl in der Pfanne. Wälze die Fischfilets erst in der Gewürz-Mehl-Mischung und ziehe sie dann durch das aufgeschlagene Ei. Brate die Filets schließlich von beiden Seiten ca. 3 Minuten an.

mix*tipp*

Wer es etwas feuriger mag, gibt eine halbe, in Ringe geschnittene Chili ins Quinotto dazu.

4 Portionen | 1 h | leicht

GERRYS ZANDERFILETS IN FEINER LIMETTENSAUCE

Zubereitungszeit: 1 Stunde
Utensilien: 1 Saftpresse, 1 beschichtete Pfanne
Zutaten für 4 Portionen

2 Schalotten, halbiert
30 g Butter
1 Bio-Limette
250 g Fischfond
200 g Crème Fraîche
Pfeffer, nach Belieben
1 gestr. TL Gerrys Zaubersalz (s. S. 16)
4 Zanderfilets à 200 g
30 g Olivenöl

1. Zerkleinere für die Sauce die Schalotten im Mixtopf 8 Sekunden/ Stufe 8 und schiebe die Stücke mit dem Spatel nach unten. Füge die Butter hinzu und dünste die Schalotten darin 6 Minuten/ 100°C/ Stufe 1.

2. Als Nächstes presst du mit einer Saftpresse den Saft aus der Limette und gibst diesen mit Fischfond, Crème Fraîche, Pfeffer und Zaubersalz in den Mixtopf. Koche die Sauce 30 Minuten/ 100°C/ Stufe 1 ohne Messbecher.

3. 10 Minuten vor Ende der Kochzeit wäschst du die Zanderfilets, tupfst sie trocken und brätst sie dann in einer Pfanne im heißen Öl von jeder Seite 2-3 Minuten an. Richte sie anschließend auf vorgewärmten Tellern an.

4. Nun pürierst du die Sauce 15 Sekunden/ Stufe 4 und schaltest dabei auf Stufe 6 und Stufe 8 hoch.

5. Begieße zum Abschluss die angerichteten Zanderfilets mit der Limettensauce und serviere sie.

mixtipp

Frischer Zander ist eine echte Köstlichkeit. Dazu reiche ich gerne thailändischen Duftreis oder auch grüne Bandnudeln.

mixtipp

Gedünsteter Brokkoli ist eine köstliche Beilage.

4 Portionen | 45 Min. | leicht

GERRYS ZANDERFILETS IN TOMATEN-OLIVEN-SUGO MIT PINIENKERNEN

Zubereitungszeit: 45 Minuten
Utensilien: 1 beschichtete Pfanne
Zutaten für 4 Portionen

- 80 g Pinienkerne
- 1 TL Gerrys Zaubergewürz für Fisch und Meeresfrüchte (s. S. 18)
- Pfeffer, nach Belieben
- 1 gehäufter TL Mehl
- 4 Zanderfilets à 200 g

- ½ Schalotte
- 2 Knoblauchzehen
- 20 g Olivenöl
- 400 g Kirschtomaten
- 80 g schwarze Oliven, entkernt
- 80 g grüne Oliven, entkernt
- 5 Salbeiblätter
- 200 g Fischfond, alternativ Gemüsefond
- Gerrys Zaubersalz, nach Belieben (s. S. 16)
- Pfeffer, nach Belieben

- 30 g Butterschmalz zum Braten
- 1 Knoblauchzehe zum Braten
- Basilikumblätter zum Garnieren

Zanderfilet fast ohne Gräten ist ein echter Genuss.

1. Röste als Erstes die Pinienkerne in einer beschichteten Pfanne auf mittlerer Hitze goldbraun. Schon der Duft in deiner Küche wird dir Freude bereiten. Fülle die gerösteten Pinienkerne anschließend in ein separates Schälchen um.

2. Als Nächstes vermischst du in einem anderen Schälchen das Zaubergewürz mit Pfeffer und Mehl, wäschst und tupfst die Zanderfilets trocken und reibst diese mit der Mehlmischung von beiden Seiten gut ein. Lege die Fischfilets bis zu ihrer Weiterverarbeitung auf Seite.

3. Zerkleinere nun die halbe Schalotte mit den Knoblauchzehen im Mixtopf 6 Sekunden/ Stufe 7 und schiebe die Stücke mit dem Spatel nach unten. Gieße das Olivenöl in den Mixtopf und dünste die Schalotten-Knoblauch-Mischung darin 4 Minuten/ 100°C/ Stufe 2 an.

4. Währenddessen wäschst du die Kirschtomaten und schneidest sie in Viertel. Gib die Viertel nach der Garzeit zusammen mit den schwarzen und grünen Oliven in den Mixtopf dazu und zerkleinere alles 6 Sekunden/ Stufe 7. Schiebe mit dem Spatel die Stücke nach unten und füge die Salbeiblätter hinzu. Lass diese nun 12 Minuten/ 100°C/ Stufe 2 einkochen.

mixtipp

Für ein feineres Knoblaucharoma halbiere die Knoblauchzehe und reibe die Pfanne damit ein, bevor du Fett dazu gibst und den Fisch anbrätst.

5. Lösche den Sugo mit dem Fischfond ab und lass ihn ohne Messbecher weitere 15 Minuten/ 98°C/ Stufe 2 köcheln. Schmecke ihn nach dem Kochen mit Zaubersalz und Pfeffer ab.

6. Brate dann die gewürzten und mehlierten Zanderfilets in einer Pfanne mit Butterschmalz zuerst auf der Hautseite scharf an, wende sie dann und gare sie auf der Fleischseite kurz fertig. Währenddessen darf die Knoblauchzehe zum Parfümieren mit in die Pfanne. Sie wird nachher aber nicht mitgegessen.

7. Lege die Zanderfilets auf vorgewärmte Teller, übergieße sie mit dem Sugo und garniere sie zu guter Letzt mit den Pinienkernen und den Basilikumblättern.

mixtipp

Ich liebe dazu Pasta al dente. Optisch passen dazu besonders gut grüne Bandnudeln.

4 Portionen | 41-43 Min. | leicht

GERRYS SCHNELLE STREMELLACHS-PASTA IN ORANGEN-DILL-SAUCE

Zubereitungszeit: 35 Minuten
Backzeit: 6-8 Minuten/ 100°C Ober-/Unterhitze oder 80°C Umluft
Utensilien: 1 Saftpresse, 1 Topf, Backpapier, 1 Backblech
Zutaten für 4 Portionen

- Saft von 1 großen Orange
- 1 Bund glatte Petersilie, ohne Stängel
- 1 Bund frischer Dill, ohne Stängel
- 15 g Senf, mittelscharf
- 5 g brauner Zucker
- 20 g gutes Olivenöl
- Pfeffer aus der Mühle, nach Belieben
- 5 g Gerrys Zaubersalz (s. S. 16)
- 400 g Tagliatelle (Bandnudeln), andere Nudelsorten gehen auch
- 375 g Stremellachs, natur (geräuchert)
- 1 kleine Zucchini, in Streifen

Eine Köstlichkeit, die auch unter Zeitdruck wunderbar funktioniert.

1. Presse den Saft der Orange mit einer Saftpresse aus. Püriere Orangensaft, Petersilie, Dill, Senf, braunen Zucker und Olivenöl im Mixtopf 7 Sekunden/ Stufe 7. Achte darauf, die Masse nicht zu fein zu pürieren. Schiebe die Stücke mit dem Spatel nach unten und füge noch Pfeffer und Gerrys Zaubersalz hinzu. Vermische die Zutaten 7 Sekunden/ Stufe 4.

2. Gare deine Pasta (Nudeln deiner Wahl) im Salzwasser nach Packungsanweisung al dente (bissfest). Heize den Backofen auf 100°C Ober-/Unterhitze oder 80°C Umluft vor.

3. Lege den Stremellachs mit der Haut nach unten auf ein mit Backpapier ausgelegtes Blech und erwärme ihn im Ofen 6-8 Minuten/ 100°C Umluft. (Nicht backen!)

4. Gib die Zucchinistreifen 2 Minuten vor Garzeitende der Nudeln ins Nudelwasser und gare sie 2 Minuten mit.

5. Hole den Stremellachs aus dem Backofen, ziehe die Haut ab, zerkleinere ihn nur ganz grob und gib ihn mit der Sauce über die abgetropften Nudeln und Zucchinistreifen. Mische alles gut durch und serviere die Nudeln sofort.

Auch schnelle und relativ einfache Gerichte können dir und deinen Gästen ein Lächeln auf die Lippen zaubern. Preisgünstig ist es auch noch...

Viel Spaß damit.

WEITERE TITEL DER MIXTIPP-REIHE

AUCH ALS E-BOOK ERHÄLTLICH

mixtipp:
Spanische Rezepte
120 Seiten,
Format: 17 x 24 cm,
Klappenbroschur,
durchgehend farbig bebildert
ISBN: 978-3-945152-28-7,
9,99 €

mixtipp:
Baby- und Kleinkinder-Rezepte
96 Seiten,
Format: 17 x 24 cm,
Klappenbroschur,
durchgehend farbig bebildert
ISBN: 978-3-945152-53-9,
9,99 €

mixtipp:
Lasst uns Grillen
120 Seiten,
Format: 17 x 24 cm,
Klappenbroschur,
durchgehend farbig bebildert
ISBN: 978-3-945152-69-0,
9,99 €

mixtipp:
Vegane Rezepte
112 Seiten,
Format: 17 x 24 cm,
Klappenbroschur,
durchgehend farbig bebildert
ISBN: 978-3-945152-52-2,
9,99 €

mixtipp:
Mediterrane Rezepte
104 Seiten,
Format: 17 x 24 cm,
Klappenbroschur,
durchgehend farbig bebildert
ISBN: 978-3-945152-51-5,
9,99 €

mixtipp:
Party-Rezepte
104 Seiten,
Format: 17 x 24 cm,
Klappenbroschur,
durchgehend farbig bebildert
ISBN: 978-3-945152-50-8,
9,99 €

WEITERE TITEL DER MIXTIPP-REIHE

mixtipp:
Leichte Küche
120 Seiten,
Format: 17 x 24 cm,
Klappenbroschur,
durchgehend farbig
bebildert
ISBN: 978-3-945152-70-6,
9,99 €

mixtipp:
Lieblings-marmeladen
104 Seiten,
Format: 17 x 24 cm,
Klappenbroschur,
durchgehend farbig
bebildert
ISBN: 978-3-945152-72-0,
9,99 €

mixtipp:
Lieblings-Suppen
112 Seiten,
Format: 17 x 24 cm,
Klappenbroschur,
durchgehend farbig
bebildert
ISBN: 978-3-945152-73-7,
9,99 €

mixtipp:
Lieblings-Smoothies
112 Seiten,
Format: 17 x 24 cm,
Klappenbroschur,
durchgehend farbig
bebildert,
ISBN: 978-3-945152-17-1,
9,99 €

mixtipp:
Bayrische Schmankerl
112 Seiten,
Format: 17 x 24 cm,
Klappenbroschur,
durchgehend farbig
bebildert
ISBN: 978-3-945152-20-1,
9,99 €

mixtipp:
Basische Rezepte
120 Seiten,
Format: 17 x 24 cm,
Klappenbroschur,
durchgehend farbig
bebildert,
ISBN: 978-3-945152-21-8,
9,99 €

ERSCHEINT 2017

mixtipp Basics
Grundrezepte aus dem Thermomix
ca. 104 Seiten,
Format: 17 x 24 cm,
Klappenbroschur,
durchgehend farbig bebildert,
ISBN: 978-3-96058-974-7, **9,99 €**
Erscheint Februar 2017

Kennen wir das nicht alle – wir stehen vor dem Thermomix und unser kulinarisches Know How ist vergessen. Was nun? Nicht verzagen, Team mixtipp fragen: Als Gedankenstütze und Anregung hat Andrea Tomicek in diesem Buch alle Funktionen und Einstellungen rund um den Thermomix in praktischen Basis-Gerichten zusammengefasst. Neben tollen Gewürzen, Tipps zum Backen und Kniffen rund um die Verarbeitung von Früchten und verschiedensten Gemüsesorten hat sie alltagstaugliche Grundrezepte gesammelt. Egal ob selbstgemachte Nudeln, Pudding, Eis oder Dips und Aufstriche – hier ist für jeden etwas dabei. Das Buch ist durch die große Rezeptvielfalt sowohl für Anfänger als auch für Fortgeschrittene Thermomix-Benutzer geeignet!
Lerne deinen Thermomix mit dem praktischen Nachschlagewerk von Andrea Tomicek kennen. Viel Spaß beim Nachkochen!

mixtipp:
Lieblings-Aufläufe
Kochen mit dem Thermomix
ca. 104 Seiten,
Format: 17 x 24 cm,
Klappenbroschur,
durchgehend farbig bebildert,
ISBN: 978-3-96058-035-5, **9,99 €**
Erscheint Februar 2017

Jedes Kind liebt sie, jeder Erwachsene ebenso: Aufläufe, Gratins & Co. Wenn der verführerische Duft nach gebackenem Käse das Haus durchströmt, hält es niemanden mehr vor dem Fernseher. Auch das Team mixtipp kann der Versuchung aus dem Ofen nicht widerstehen und hat seine liebsten Auflaufrezepte für den Thermomix zusammengestellt.
Kaum ein Gericht ist so vielfältig wie ein Auflauf. Als Kartoffelgratin, Nudel- oder Gemüseauflauf, Crumble oder Soufflé kommt er daher und erwärmt stets aufs Neue unser Gemüt. Ob ein herzhafter Kürbisauflauf mit Speck oder ein süßes Nusssoufflé, ein exotisches Kokosgratin mit Kardamom oder der italienische Klassiker Lasagne - für jedes Leckermaul wird sich in diesem Rezeptband etwas finden.

mixtipp:
Lieblingsrezepte der
Thermo-Turbomixe
Kochen mit dem Thermomix
ca. 104 Seiten,
Format: 17 x 24 cm,
Klappenbroschur,
durchgehend farbig bebildert,
ISBN: 978-3-96058-037-9, **9,99 €**
Erscheint Februar 2017

Sandra Backwinkel – das ist doch die charmante Youtuberin, die als Thermo-Turbomixe schon über 100 Rezeptvideos ins Netz gestellt hat. Gemeinsam mit dem Team mixtipp bringt sie nun ihr erstes Kochbuch heraus: Hier erwartet den Leser eine bunte Mischung aus alltagstauglichen Leckereien wie Suppen, Desserts und Salaten – aber auch Hauptgerichte, Liköre, Dips und Aufstriche und Babybreie kann die Thermo-Turbomixe! Etwas Abwechslung gefällig? Mit Rezepten wie Balsamicolinsen, Eiweißbrot, Chicken Tikka Masala und Bircher-Müsli hat die Langeweile keine Chance.
Wie immer sind die Rezepte sowohl mit dem TM 31 als auch mit TM5 zuzubereiten.
Viel Spaß beim Nachkochen!

Sichere dir zum Kennenlernen der MIXX-Zeitschrift jetzt ein Gratis-Exemplar im Wert von 4,90 €!

✂ - - - - - - - - - - - - - - - - - -

Name: ______________________________

Vorname: ______________________________

Adresse: ______________________________

☐ Ja, schicken Sie mir Ihren kostenlosen E-Mail-Newsletter und halten Sie mich über Neuheiten und Sonderangebote des Heel-Verlags auf dem Laufenden!

E-Mailadresse: ______________________________

Ihre Daten werden von der HEEL Verlag GmbH gespeichert, um Ihnen Informationen aus unserem Verlagsprogramm zukommen zu lassen. Ihnen entstehen weder Kosten noch Verpflichtungen.
Sie können sich jederzeit vom Newsletter abmelden.

Datum **Unterschrift** ______________________________

Teilnahmebedingungen: Dieser Gutschein ist nur auf postalischem Weg einzulösen.
Pro Person nur ein Gutschein gültig.

Heel Verlag GmbH, MIXX-Redaktion, Pottscheidt 1, 53639 Königswinter
Tel.: 02223/9230-0, Fax: 02223/9230-13/26, www.heel-verlag.de